青少年足球入门教程

全彩图解视频学习版

人邮体育 主编
张鑫 王东东 编

人 民 邮 电 出 版 社
北 京

图书在版编目（CIP）数据

青少年足球入门教程 ： 全彩图解视频学习版 / 人邮体育主编 ； 张鑫，王东东编. -- 北京 ： 人民邮电出版社，2023.5
ISBN 978-7-115-59642-0

Ⅰ. ①青… Ⅱ. ①人… ②张… ③王… Ⅲ. ①青少年－足球运动－基本知识 Ⅳ. ①G843.2

中国国家版本馆CIP数据核字(2023)第054779号

免 责 声 明

内 容 提 要

本书由多年青少年足球教学经验的教练编写，首先讲解了足球场地、比赛人数、比赛规则、装备选择等基础知识，然后重点介绍了适合青少年学习的足球技术及训练方法，涉及球感练习、传球训练、停球训练、带球训练、守门员技术以及综合训练方法。书中介绍的足球基础技术及组织训练方法，均通过图文解读的形式展开讲解，并提供了部分技术的动作展示视频，扫描书中二维码即可观看，清晰易懂，方便学习，可以有效帮助青少年足球教练、中小学体育老师丰富教学方法，提升教学水平。

◆ 主　　编　人邮体育
编　　　张　鑫　王东东
责任编辑　林振英
责任印制　彭志环
◆ 人民邮电出版社出版发行　　北京市丰台区成寿寺路 11 号
邮编　100164　　电子邮件　315@ptpress.com.cn
网址　https://www.ptpress.com.cn
廊坊市印艺阁数字科技有限公司印刷
◆ 开本：700×1000　1/16
印张：10　　2023 年 5 月第 1 版
字数：228 千字　　2025 年 8 月河北第 2 次印刷

定价：59.80 元

读者服务热线：(010)81055296　印装质量热线：(010)81055316
反盗版热线：(010)81055315

视频在线观看说明

本书提供部分技术动作的教学视频，您可通过微信“扫一扫”，扫描书中的二维码进行观看。

步骤 1　点击微信发现界面右上角的“+”，弹出功能菜单（图 1）。

步骤 2　点击弹出的功能菜单上的“扫一扫”，进入该功能界面。扫描技术动作讲解页面上的二维码，扫描后可直接观看视频（图 2）。

图 1

图 2

阅读说明

动作序号

每个技术动作在本书中的序号。

动作名称

每个技术动作的常用名称。

要点提示

对步骤中的动作要点进行提示。阅读时可以迅速理解动作的要点。

动作图片

每个技术动作的图片展示。

练习步骤

详细的步骤文字解说，方便读者清楚地了解每个步骤的动作过程。

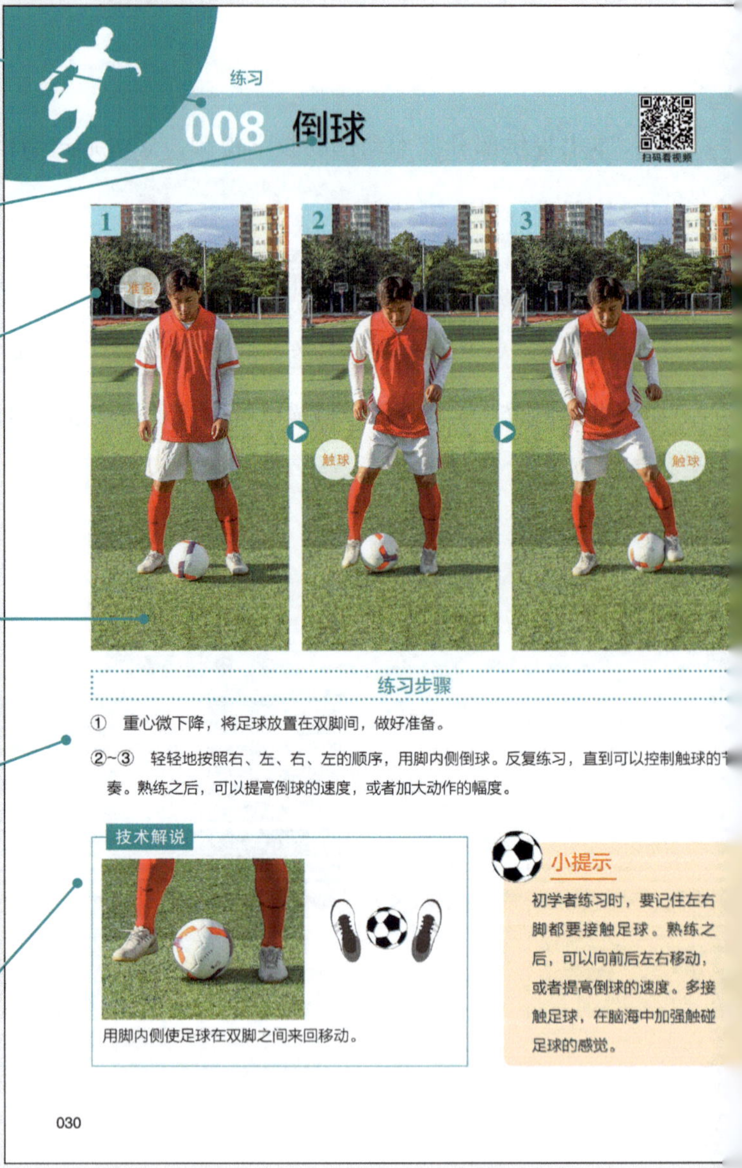

练习

008 倒球

扫码看视频

练习步骤

① 重心微下降，将足球放置在双脚间，做好准备。

②~③ 轻轻地按照右、左、右、左的顺序，用脚内侧倒球。反复练习，直到可以控制触球的节奏。熟练之后，可以提高倒球的速度，或者加大动作的幅度。

技术解说

用脚内侧使足球在双脚之间来回移动。

小提示

初学者练习时，要记住左右脚都要接触足球。熟练之后，可以向前后左右移动，或者提高倒球的速度。多接触足球，在脑海中加强触碰足球的感觉。

030

技术解说

该技术动作相关的技术解说，有助于进一步了解该动作的技术重点。

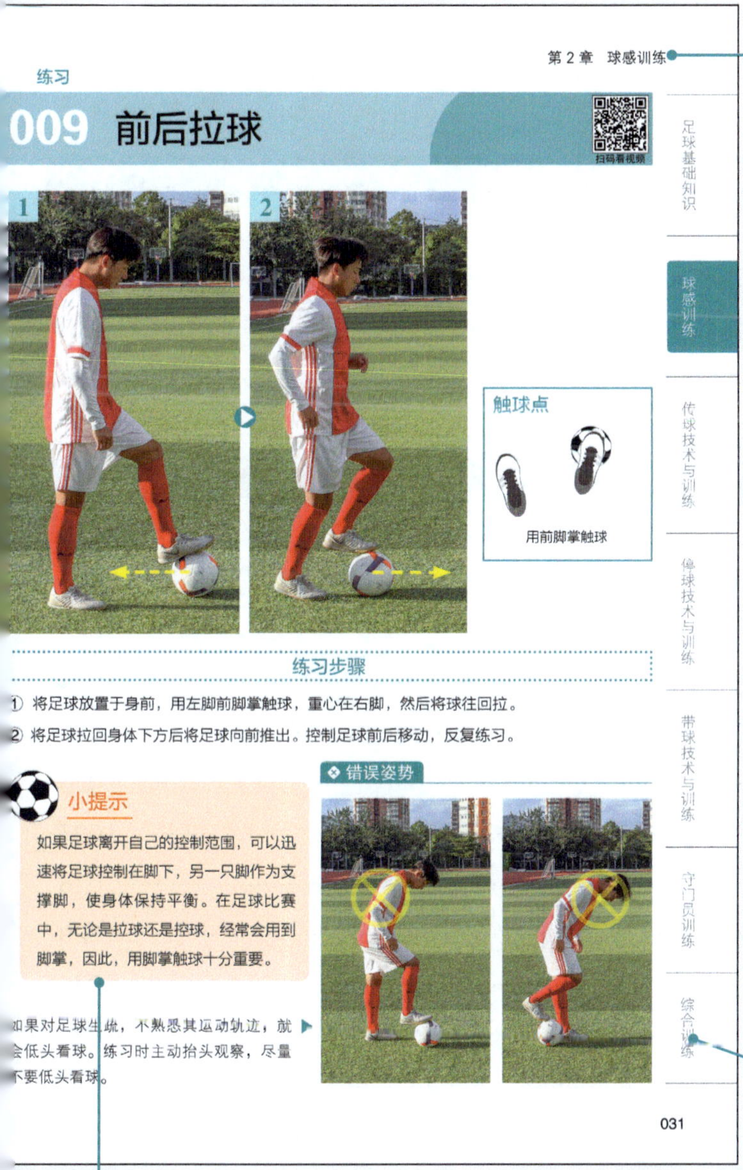
第 2 章　球感训练

练习

009 前后拉球

扫码看视频

足球基础知识　球感训练　传球技术与训练　停球技术与训练　带球技术与训练　守门员训练　综合训练

触球点

用前脚掌触球

练习步骤

① 将足球放置于身前，用左脚前脚掌触球，重心在右脚，然后将球往回拉。

② 将足球拉回身体下方后将足球向前推出。控制足球前后移动，反复练习。

小提示

如果足球离开自己的控制范围，可以迅速将足球控制在脚下，另一只脚作为支撑脚，使身体保持平衡。在足球比赛中，无论是拉球还是控球，经常会用到脚掌，因此，用脚掌触球十分重要。

错误姿势

如果对足球生疏，不熟悉其运动轨迹，就会低头看球。练习时主动抬头观察，尽量不要低头看球。

031

章名展示

每章的名称，方便读者翻阅。

侧栏检索

方便搜索想要学习的动作。

小提示

总结在训练过程中的要点和需要注意的问题，有助于深入了解技术动作练习的相关难点。

目录 CONTENTS

第 4 章　停球技术与训练　069

目录 CONTENTS

目录 CONTENTS

第 1 章

足球基础知识

足球运动是体育界极具影响力的单项运动，同时也是极其耗费体力的运动项目。在正式练习之前，我们要熟知足球运动的相关知识。本章从场地、人员、运动装备、足球比赛的规则和赛事等方面介绍足球运动。

基础知识
足球场地标准和人数

国际足球联合会（以下简称“国际足联”）对足球场地的标准和人数都做了具体的规定。下面详细介绍足球场地的标准以及参与人员的位置等。

足球场地标准

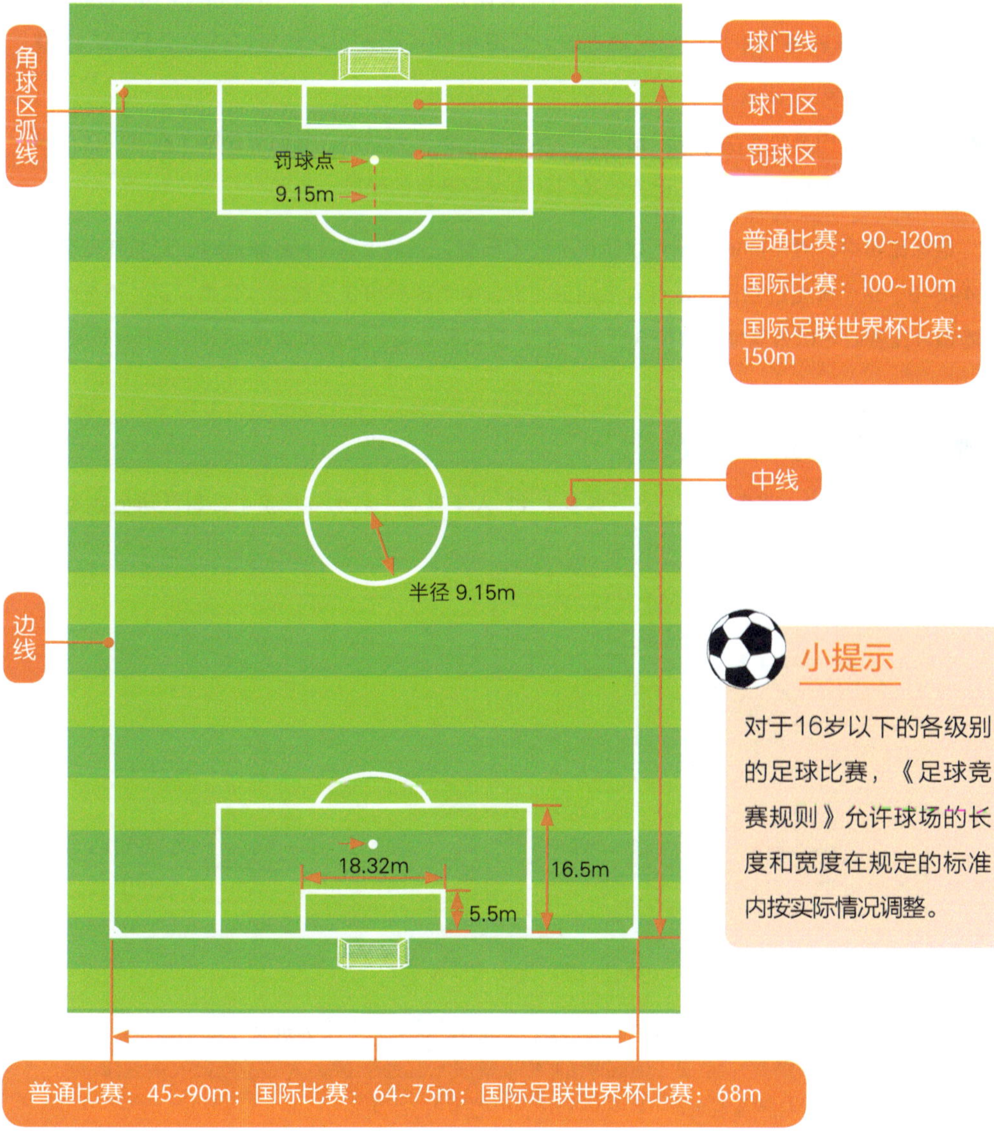

小提示

对于16岁以下的各级别的足球比赛，《足球竞赛规则》允许球场的长度和宽度在规定的标准内按实际情况调整。

人员位置

足球场上各个位置的人员都有不同的分工，各自在不同的位置踢球，球员可以更好地了解在比赛中使用的技术和战术，从而让团队配合起到最佳效果。

- 前锋：前锋的位置更靠近对方球队的球门，射门的机会要多于其他球员。在边线附近踢球的前锋称为边锋，在球场中间踢球的前锋称为中锋。
- 中场球员：中场球员是通用型球员，可以射门也可以抢断对方的球。他们是负责过渡的球员，帮助己方从防守转为进攻，保持足球的控制权在己方种。
- 后卫：后卫在己方的球门附近踢球，并尽量阻止对方射门。他们还要接守门员传过来的球，并将球转移到中场，以发动进攻。后卫根据其位置和功能可以分为中后卫、清道夫、边卫等。
- 守门员：守门员负责防守球门前方，并尽量阻止球进入球门。守门员是唯一在球门区内被允许使用双手拦截射门并从己方的球门区内发起进攻的球员。

足球比赛中针对不同的情况可以使用不同的阵型，当场上有 11 名球员时，它的阵型可能是 4-3-3，这个阵型的意思就是有 4 名后卫、3 名中场球员和 3 名前锋。但是，这并不是唯一的阵型，比赛时可以根据需求选择合适的阵型，使球员更便于进攻和防守。

成人训练参与人数

成人足球比赛中，每队场上球员不得多于 11 人（其中一名为守门员），每队球员数量不得少于 7 人。

青少年训练参与人数

青少年足球比赛中，常采用“5 人制”和“8 人制”的比赛。“5 人制”足球比赛的场地长 38~42 米，宽 18~22 米，通常在室内举行。一场比赛有两队参加，每队上场不可少于 3 人，不可多于 5 人，其中 1 人为守门员。“5 人制”足球比赛节奏较快，球员们要及时调整阵型站位。

要点提示

“5 人制”足球比赛阵型

“5人制”足球比赛的阵型相对来说比较灵活，常见的有菱形阵型、方形阵型、Y形阵型、金字塔阵型、一字阵型等。

“8 人制”足球场地长宽比例和成人的有所区分，场地长 45~75 米，宽 28~56 米，比一般的球场要小很多，但是它的优点也很多。“8 人制”足球比赛人数少，每名球员可以尽可能多地触球，单独对抗的机会也会增加等。

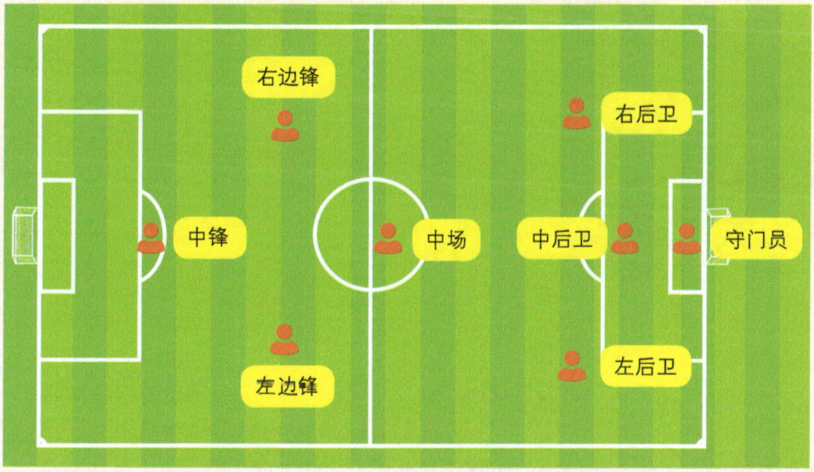

要点提示

“8 人制”足球比赛阵型

“8人制”足球比赛的阵型常见的有3-2-2、3-1-3 和3-3-1 几种，比赛时根据需要选择合适的阵型。

基础知识

足球比赛规则和赛事

足球比赛规则可以让比赛顺畅、安全地进行，并防止任何一方获得不公平的待遇。本节介绍一些足球比赛的基本规则。

比赛规则

比赛时长

正式足球比赛的全场时间为 90 分钟，两个半场各 45 分钟。正常情况下，上半场补时大概 1 分钟，因为换人一般出现在下半场，所以下半场补时 3 分钟，具体补时时间根据场上情况而定，一般均在 1~5 分钟。如果需要进行加时赛，则需要继续比赛 30 分钟，上下半场各 15 分钟，无中场休息。

比赛开始的时间，不是以裁判员鸣哨为准，而是在开球队员踢出球后开球完成时开始。

计分

足球在球门柱之间及横梁以下完全越过球门线时，判进攻方球队进球，得一分。进球得分是衡量个人表现的有效方式之一。但是评估一名球员的贡献不应过分强调进球，助攻、抢断、拦截或者救球的球员，同样是球队的重要组成部分。不同位置球员有各自不同的位置属性及职责，但均可进攻得分。

犯规

当球员抢截对方球员、推人、试图绊倒对方、踢或者企图踢人、向对方吐口水、拉扯对方或在开球前铲倒对手时，裁判会判犯规。当一名球员故意用自己的手或者手臂触球时，则判手球犯规。

如果球员一直故意犯规或者做出危险动作，就会被裁判警告一次。持续的犯规行为可能会收到黄牌警告。该球员再次故意犯规或者做出危险动作时，裁判会判黄牌，两黄变一红，并将其逐出比赛场地。如果球员做出不可接受的行为，裁判也可以在没有警告的情况下将球员逐出比赛场地。

罚球

罚球是在足球比赛中，对犯规方的惩罚，是对进攻方因被侵犯而影响进攻做的补偿。罚球点球的意思就是独立面对守门员进行射门。足球罚球可分为球点球、直接任意球、间接任意球、角球四种。

小提示

球员必须了解犯规情形以及可能会导致的处罚。不合时宜的处罚对球队的打击是巨大的，会导致球队失去斗志、人员更换，甚至是对方球队进球。所以要事先了解一些足球比赛规则，才能在比赛期间避免这些犯规。

赛事

足球赛事也就是关于足球的比赛，其中世界杯、欧洲杯、亚洲杯、非洲杯、美洲杯属于国家级的比赛，是由国际足联或者各洲的足联组织的，各国的国家队参赛。奥运会、各洲的足球锦标赛等是由其他组织举办的国家级比赛，观赏性较高。

除此之外，一般国家都会有各自不同等级的联赛，由该国的俱乐部参加。例如，欧洲足球五大联赛，是世界上最高水平的联赛，包括意大利足球甲级联赛、英格兰足球甲级联赛、西班牙足球甲级联赛、德国足球甲级联赛、法国足球甲级联赛。我国最高级别的职业足球联赛是中国足球协会超级联赛，简称“中超”。

基础知识

装备选择

足球装备也就是在足球运动中所使用的物品，除了足球之外，还包括球员穿的球衣、足球鞋、足球袜、护腿板及守门员用的手套等，本节将为大家一一介绍。

足球

足球比赛中，根据球员的年龄大小，球的大小也有所区分。通常情况下，学龄前儿童用 3 号球，小学生用 4 号球，中学生及以上用 5 号球。正规“11 人制”足球比赛用 5 号球，而“5 人制”足球比赛用 4 号球。

5 号球的规格为圆形，用皮革或其他适当的材料制成，重量不大于 450 克，不小于 410 克；圆周不长于 70 厘米，不短于 68 厘米。

球衣

在正式足球比赛中，全队上下要穿统一的球衣。在训练的时候，可以根据天气来选择合适的穿着，选择吸汗排湿的材质即可。但是在正式比赛中，全队球员都必须穿短裤。

小提示

短袖运动衫尽可能选择吸汗排湿的材质，而不要选择纯棉、不排湿的材质。运动短裤则尽量选择弹性材料的短裤，这样既不显得过于松垮，又不会束缚球员大幅度的下肢动作。

足球鞋

足球鞋的种类比较多，为了能踢好一场比赛，选择适合自己的足球鞋非常重要。足球鞋整体外形比较细长，并且鞋帮呈一体，大部分没有织网的设计，这增强了防护性、包裹性以及抓地性。足球鞋的鞋底部分通常都有鞋钉，纵向分布的鞋钉有利于转向以及坡间运动，横向分布则更利于纵向直跑。

小提示

足球比赛中，根据不同的场合可以选择不同类型的足球鞋。在密实的草地上，适合穿鞋钉较长的FG长针鞋，其更具有抓地性；在坚硬质地的场地则更适合穿有一定弹性的碎钉或短钉鞋；处于人工草皮环境时可以选择碎钉鞋；在室内则选择平底鞋就可以了。

手套

守门员专用的手套多由乳胶制成，这种材质不仅可以有效保护守门员的双手，还可以增大与足球表面的摩擦力，避免漏球。这种手套每次使用完之后要及时清洗。

护腿板

护腿板是足球比赛中保护小腿的重要装备。硬质的护腿板对小腿的防护作用更大一些，但其可能带来较大的二次伤害。软的护腿板保护性差一些，但是几乎不会造成二次伤害。一般根据球员习惯喜好选择大小不同或材质差异的护腿板，内侧为软质地保护层，外侧坚硬。

足球袜

足球袜可以保护小腿，同时为了包裹护腿板，要设计成长筒的。穿足球袜可以使腿部肌肉绷紧，发力更加集中；在球场上两队球员的足球袜颜色一般是不同的，穿足球袜可以使球员在混战中容易区分彼此，对裁判来说也可以提高判罚的精确度。

第 2 章

球感训练

在任何训练或者比赛之前，都要进行充分的热身。而在热身活动中，分为基础热身和专项准备活动，除了进行快速激活和拉伸训练之外，本章介绍的一些球感训练也可以作为热身活动安排在训练中。了解什么是球感，以及如何保持平衡，通过颠球、踩球等训练，球员可以更好地热身并熟悉足球运动。

基础知识

什么是控球技术

控球技术在足球训练中非常重要。要想灵活掌握控球技术，需要了解相关知识和动作要领，下面将详细介绍。

球感

什么是控球

为了能够灵活地掌握个人控球技术，我们先要知道什么是控球。控球又称为足球过人是指让足球在自己的脚下安全地按照自己的意愿移动。当然这不仅要求球员能够快速移动，并且要求球员能够自己掌握球的速度并能够找准时机进行节奏变化。好的控球，足球不会离身体太远。能够把球控制好的技术就是控球技术。

足球场上，球员经常会处于单脚支撑的状态。因此，提升控球技术及平衡能力对于初学者来说非常重要。

什么是球性

球性也就是对球的适应性，可以说球性是每个球员应该具备的基础素质。如果初学者具备了球性，就可以顺利地进行控球等。在比赛之前，对自己的状态有所了解，且具备更好地控制足球的专门化运动知觉。在比赛中，球员的球感决定他处理球的技术动作的合理性。

小提示

除了上面讲述的这些之外，触球过程中动作要柔和，认真地做好每个技术动作。随着身体重心的移动，保持身体的平衡也是球员熟悉球性的前提。

颠球与平衡

颠球的动作要领

颠球的基本要领就是要踢准足球底部的中心。练习时一定要注意脚背颠球向上摆动，如果足球能被踢向正上方，颠球的次数也就逐渐增加。

当连续不断地用脚背正面将球轻轻击起时，就可以尝试用脚内侧、大腿、脚外侧、肩部、胸部、头部等部位来颠球。刚开始练习时，比起次数更为重要的是能在每一次的颠球中都把足球朝正上方踢。

如果触球的位置是错的，是颠不好足球的。如果失败了就看准球路，放松身体，从头再来，多次练习。

协调性是控球的关键

协调性是一种整体能力，它的发展是其他感觉发展的基础。要想更好地控球，球员需要具备较好的协调性。在控球时，球员需要根据自身条件不断地调整身体。良好的协调性可以让球员在跳跃、转身以及被对手拦截时，能够运用自我身体感知进行快速的动作控制。

练习

001 脚背颠球

扫码看视频

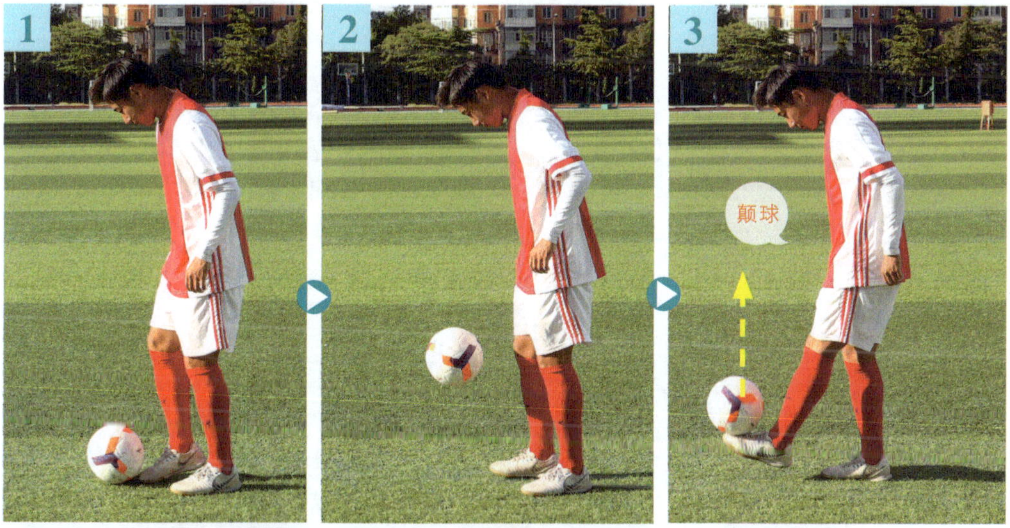

技术解说

用脚背踢球时要伸展脚腕，脚尖微微勾起，脚背正面向上击球底部，小腿自然从后向前摆动。如果触球的位置不准，球就会跑偏，不能向正上方弹起。身体绷得太紧，也不能得心应手地控球。

练习步骤

①~② 前脚掌踩球，向自身方向慢慢回拉，右脚脚尖靠近足球，将足球向上颠起。注视足球。

③ 用左脚脚背正面将足球向上颠起。

④~⑤ 左脚上颠之后，重心放在左脚，换右脚向上颠球。双腿小腿放松，从后向前摆动交替颠球。

小提示

开始练习时，先不要关心颠球的次数，而要重视每次颠球都要把足球朝正上方踢。在进行控制球的练习时，眼睛要密切关注足球，但在熟练之后，要注意调整关注点，即不可以只关注球，时刻关注场上局势也非常重要。

练习

002 脚内侧颠球

扫码看视频

练习步骤

① 双手抱球准备，将球放开，使足球垂直下落。

② 右侧小腿向内折叠，向上摆动，使小腿和脚与地面接近平行，向上颠球。颠球后，放下右脚，左脚准备。

③ 左侧小腿向内折叠，左脚内侧向上摆动，向上颠球。双脚交替颠球。

技术解说

若连续做脚内侧颠球比较困难，可以先从“颠一次就接住”开始，再反复练习。

小提示

练习时看准球路并用脚准确地接住落下的足球。脚腕向内侧转，用脚的内侧来颠球。

练习

003 脚外侧颠球

扫码看视频

练习步骤

① 右手持球，准备把足球轻轻往上方抛出，使足球垂直下落。

② 看准球路，右脚外侧向上摆动，向上踢球。

③ 触球切勿用力过猛，看足球运动的同时，右脚暂时落地，调整站位准备下一次颠球。

④ 再次用右脚外侧颠球，反复练习。

小提示

此练习要求看准球路，并用脚外侧准确地接住落下的足球。脚屈向身体的外侧，用脚的外侧把足球轻轻地向上踢。用脚外侧颠球需要较高的平衡能力和协调能力，需要多加练习。

练习

004 大腿颠球

扫码看视频

练习步骤

① 双手抱球准备，将足球轻轻往正上方抛起，使足球垂直下落。

② 右腿抬起，膝盖弯曲，用大腿中部附近的位置接球。在足球落到大腿的瞬间轻轻把足球向上顶，双腿做高抬腿动作交替颠球。

③ 始终注视球，放下右腿，抬起左腿击球，重复练习。

技术解说

用大腿颠球，触球的位置非常关键。

小提示

练习时看准球路并用大腿准确地接住落下的足球。此练习能帮助练习者掌握球感，也是在停球时经常使用的技术。

练习

005 肩部颠球

扫码看视频

练习步骤

①～②　右手五指托球，置于肩部高度，把足球轻轻往上方抛起，并注视落下的足球。

③～④　在足球碰到肩膀的瞬间，用肩膀向上顶球，肌肉一定要放松。

⑤　接住足球，反复练习。

练习

006 踩球—小跳

扫码看视频

练习步骤

① 将足球放置在稍位于身前的位置，面向前方做好准备。

②～③ 右脚前脚掌触球，重心放在地面的支撑脚上，踩球后立刻换另一只脚。按照右、左、右、左的顺序，有节奏地练习。

技术解说

这个动作触球时前脚掌要充分触球，但用力不要过大，足球始终在稍位于身前的位置。

小提示

按照右、左、右、左的顺序，用前脚掌触球，要掌握身体的平衡感和感受脚掌触球的感觉。练习时尽可能抬头挺胸，逐渐提高速度。

练习

007 踩球—两侧横向

扫码看视频

练习步骤

① 保持足球静止不动，抬起右脚前脚掌触球，左脚保持平衡。

② 右脚触球后，立即换左脚触球，右脚站立支撑，保持身体平衡。

技术解说

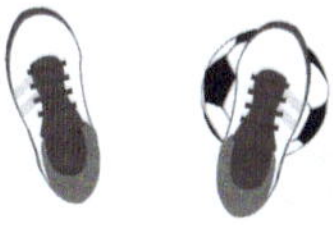

足球始终在身体的前下方，尽量在原地，交替用左右脚触球。

小提示

踩球时，不宜用力过大，尽量不要让球移动过远。

008 倒球

扫码看视频

练习步骤

① 重心微下降，将足球放置在双脚间，做好准备。

②~③ 轻轻地按照右、左、右、左的顺序，用脚内侧倒球。反复练习，直到可以控制触球的节奏。熟练之后，可以提高倒球的速度，或者加大动作的幅度。

技术解说

用脚内侧使足球在双脚之间来回移动。

小提示

初学者练习时，要记住左右脚都要接触足球。熟练之后，可以向前后左右移动，或者提高倒球的速度。多接触足球，在脑海中加强触碰足球的感觉。

练习

009 前后拉球

扫码看视频

触球点

用前脚掌触球

练习步骤

① 将足球放置于身前，用左脚前脚掌触球，重心在右脚，然后将球往回拉。

② 将足球拉回身体下方后将足球向前推出。控制足球前后移动，反复练习。

小提示

如果足球离开自己的控制范围，可以迅速将足球控制在脚下，另一只脚作为支撑脚，使身体保持平衡。在足球比赛中，无论是拉球还是控球，经常会用到脚掌，因此，用脚掌触球十分重要。

错误姿势

如果对足球生疏，不熟悉其运动轨迹，就会低头看球。练习时主动抬头观察，尽量不要低头看球。

练习

010 左右拉球

扫码看视频

练习步骤

① 将足球放在身体的前方，做好准备。

②～③ 用右脚前脚掌控制足球向左侧带，刚开始可以看着足球做动作，熟悉之后要目视前方。

④～⑤ 换左脚将足球控制住，接着向右侧拉球。如此反复练习。

小提示

不能只用惯用脚练习拉球，要让两只脚都能拉球控球。

练习

011 滑球

扫码看视频

练习步骤

① 将足球放置于右脚脚掌下，轻轻向右侧拉球。

② ~ ③ 足球保持在脚下的可控范围内，用右脚脚内侧将足球拨到左脚的一侧。

④ ~ ⑤ 足球此时在左侧，用左脚脚内侧将足球拨回右侧。按照同样的方法保持节奏，多次练习。

012 推拉

扫码看视频

练习步骤

①～② 用脚掌将位于身前的足球拉向身体。支撑脚略微弯曲。

③ 用脚背将足球向前推出，脚尖尽可能垂直于地面。

④ 另一只脚的脚掌，停住向前移动的足球。从停球脚开始重新练习。

小提示

分别用脚掌和脚背拉球和推球，使足球前后移动。足球在身前时，用脚掌向后拉球；足球在向后移动至身下时，用脚背向前推球。向前推出去的球，用另一只脚的脚掌停住。反复练习，直到掌握节奏为止。

练习

013 踩拉球后退

扫码看视频

练习步骤

① 将足球放置于可控范围内，用脚掌停好足球，开始练习。

②～③ 支撑脚向后小跳，控制脚小幅度、快节奏地向后拉球。接着用前脚掌控制住足球，目视前方，继续反复练习。

⊙ 其他展示

小提示

此动作中需要用前脚掌控制住球，让足球向后移动，支撑脚有节奏地向后退。需要注意的是，每往后退一步，触球脚要小幅度、快节奏地将足球向后拉。开始练习前可以将足球停在尽量离身体远一点的位置，这样在后退中，更加容易保持平衡。

练习

014 曲线控球

扫码看视频

练习步骤

①～③ 用脚掌控制住身体右前方的足球，向左后方边拉球边后退，支撑脚小幅度跳跃。按照曲线的轨迹拉球，直到把足球拉到身体的左前方。

④～⑥ 用同样的方法，将足球从身体左前方按照曲线的轨迹拉到身体右前方。练习中要兼顾双脚。

练习

015 转身

扫码看视频

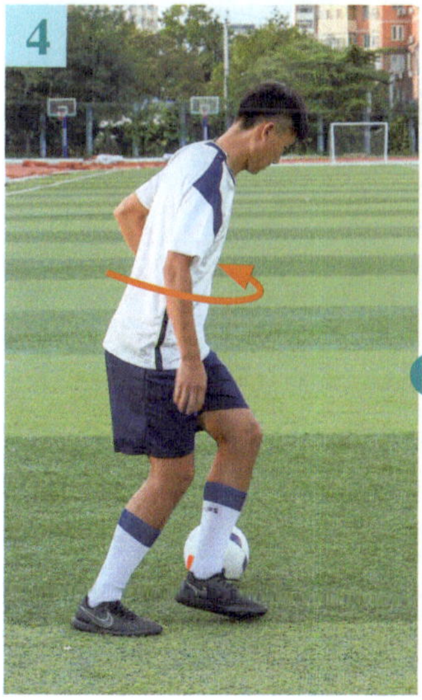

小提示

此动作在持球变向时经常会用到。用脚弓小碎步盘带，控制脚从足球的前方绕过足球，从而改变足球的运行方向。接着，绕过足球的脚变成支撑脚，身体的前进方向也随之改变。

练习步骤

①～② 用左脚脚弓将足球在双脚间向右拨。

③ 右脚脚弓触球的同时，右脚从足球的外侧，经过足球的前方，绕过足球。

④～⑤ 绕过足球之后，以右脚为支撑脚，通过髋关节转体带动身体，实现变向。接着脚内侧连续扣球，动作幅度不要太大，可以用另一只脚再练习一次。

016 拉球练习（脚侧拉球）

练习步骤

①～② 用右脚脚掌将足球控制在身体下方。用右脚脚掌将足球拉向右侧，接着用右脚脚内侧将足球停住，并向左侧拉动。

③～⑥ 用右脚脚掌将足球继续向左侧拉动，接着用右脚外侧将球停住，并最大限度地向右侧拉动。将球来回拉动几次之后，换另一只脚练习。

第 3 章
传球技术与训练

传球技术也是足球运动中最重要的技术之一，好的传球可以增加球员在球场上的主动性，从而在比赛中获得更大的胜利机会。传球还可以将队友组织起来，一起保持控球权，创造射门的机会。传球不仅要准确，还要讲究节奏，同时选择好的时机。本章通过一些传球技术与训练，帮助球员提升传接球能力。

基础知识
传球与射门

传球就是使用脚的不同部位将足球踢出。传球技术是足球运动中最关键的技术之一，好的传球可以创造更多射门的机会。传球脚法也分为很多种，下面分别介绍。

各部位传球

脚内侧传球

脚内侧传球就是以脚弓为中心，从踝骨到接近脚底的较大范围传球。由于脚内侧与足球的接触面积大，因此脚内侧传球的准确率高，在比赛中短传时会经常使用。即使稍微偏离触球点触球，也可以将足球踢出去。脚内侧传球的水平几乎可以反映球员的技术水平。

【精确度】
【力　度】

脚外侧传球

外脚背传球就是用脚的小趾侧面到脚后跟的部分，高度位于踝骨附近直至脚底的脚外侧传球。因为脚外侧部分从构造上讲没有真正的平面，所以要调整身体的角度，倾斜身体以更准确触球。脚外侧传球的使用频率也很高，它是一种精确度较高，且能在各种场合使用的技术。

【精确度】
【力　度】

脚背传球

脚背传球就是用脚背上骨头最为突出的坚硬部分，从踇趾附近到脚踝的位置传球。这个部分的骨骼坚硬，脚的力量可以有效地传递给足球，用较小的力量也能把足球踢得很远。通常在要把足球踢得很远，或者射门和长传时，用到脚背传球比较多。

【精确度】
【力　度】

脚尖传球

脚尖传球就是用脚趾尖部踢球。脚尖的最佳触球点是拇趾和第二趾中间的位置。脚尖传球和脚背传球类似，脚和足球的接触面积小，因此比较容易发力，可以踢出强有力的球。由于脚尖传球对触球的准确性要求较高，力度强弱不好控制，因此一般多用于“5 人制”足球中。在室外踢足球时，不建议用脚尖传球。

【精确度】

【力　度】

小提示

传球是用一条看不见的线，将队友们绑在一起。传球中最显著的特点就是速度和精确度，这两者都很重要，也是传球技术的关键。不准确或者速度较慢的传球都有可能让对方球员成功抢断球。

不同部位踢球球运动的方向

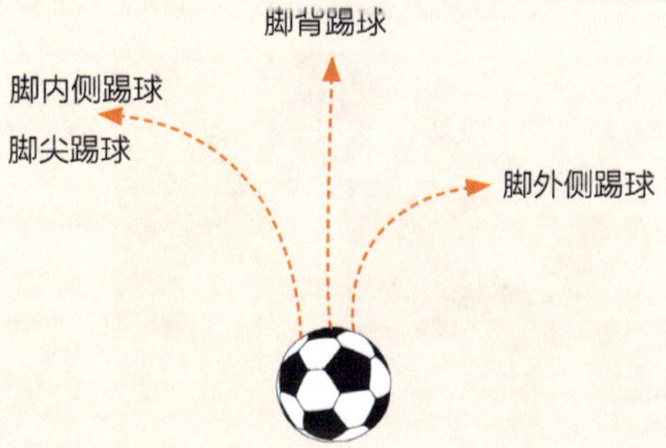

射门技巧

射门和传球

良好的射门和传球有相同的特点，就是精确度高、节奏和时机适当。射门也可以用脚内侧、脚背和脚外侧踢球。但是射门和传球之间还有一些关键的差异。首先，射门往往比传球跑动的距离更长，因为防守球员要努力让进攻球员远离球门。其次，球员在射门时经常要比在传球时更用力，与传球不同的是，球员在射门时不需要关心队友是否能控制住球。最后，射门的目的只有一个——进球，但是传球却有很多不同的目的。

练习

017 脚内侧定点踢球（地滚球）

扫码看视频

小提示

足球运动中从传球到射门，用得最多的就是脚内侧踢球，它是踢球的基本动作。用脚内侧踢球，比较容易将力量传给足球，准确度较高。

练习步骤

① 身体自然放松，向球的方向助跑。

② 支撑脚的脚尖朝向踢球的方向，触球腿从膝盖处折叠从后向前摆动。

③ 触球腿像钟摆一样摆下来，触球时瞬间发力。

④ 脚触球后，腿顺势向前摆。

触球点

用容易贴合球面的脚内侧中心踢球

触球点在足球的中心位置

练习

018 脚内侧定点踢球（半高球）

扫码看视频

1

2

3

4

5

练习步骤

①～③ 身体自然放松，向球的方向助跑。

④ 将支撑脚置于足球的一侧或偏后的位置，触球腿从膝盖处折叠从后向前摆。

⑤ 瞄准足球的中心偏下的位置，自下而上起球。

触球点

用容易贴合球面的脚内侧中心踢球

触球点在足球中心偏下的位置。希望踢出的球越高，触球点的位置就越偏下

小提示

支撑脚基本上是踩在球的一侧并与之对齐的，但要接触足球的中心偏下位置时，应将支撑脚稍向后撤，这样更容易出脚。

019 脚内侧定点踢球（高球）

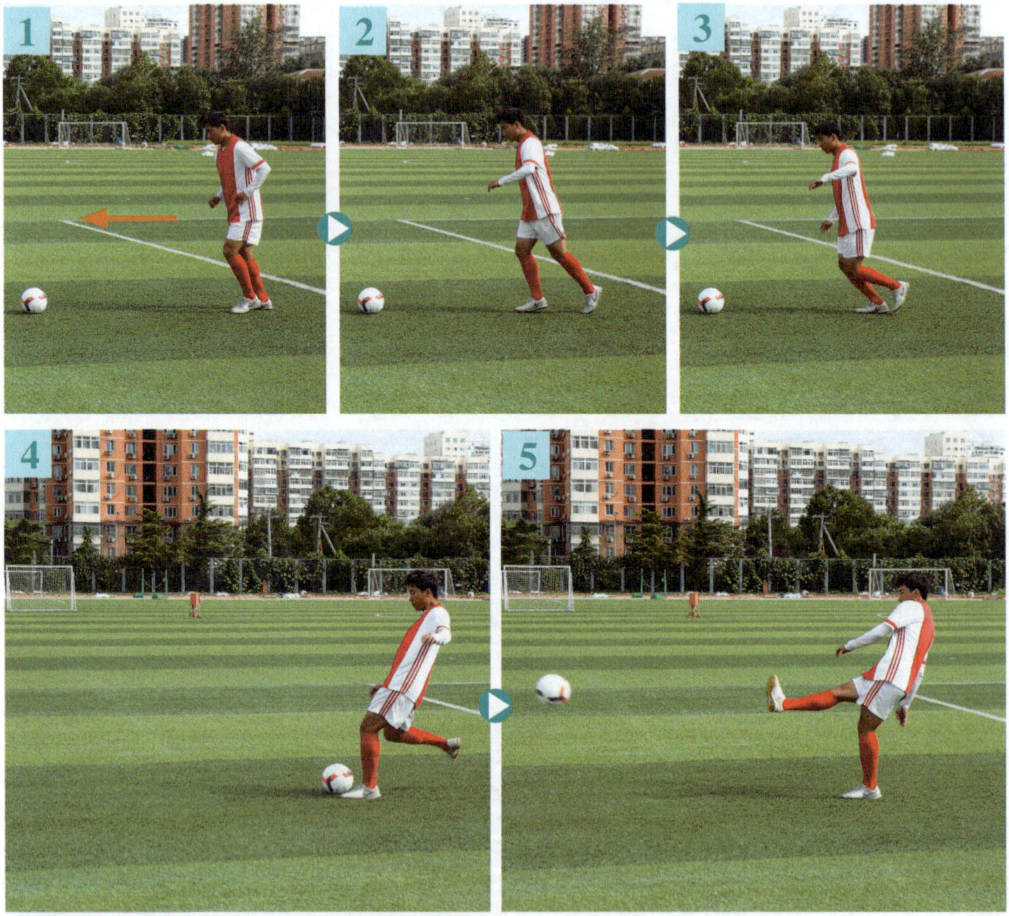

练习步骤

①～③ 身体自然放松，向球的方向助跑。

④～⑥ 将支撑脚置于球的一侧或偏后的位置，触球腿从膝盖处折叠从后向前摆。瞄准足球的中心偏下的位置，自下而上向前摆腿起球。身体比踢半高球时更后仰。

练习

020 脚内侧不停球踢球（地滚球）

练习步骤

①～② 身体自然放松，看准足球的飞行轨迹，向球的方向助跑。

③～④ 支撑脚抓地，在足球着地的瞬间，用触球脚的脚内侧踢足球的中心偏上的位置下压触球。触球过程中要保持身体平衡。

触球点

用容易贴合球面的脚内侧中心偏下位置触球

触球点在足球中心偏上的位置

小提示

不停球踢球的正确做法是力度适当，如果力度不当，就无法将球踢到预期的位置，同时击球的时机也非常重要。

练习

021 脚内侧不停球踢球（半高球）

扫码看视频

练习步骤

①～② 身体自然放松，看准足球的飞行轨迹，向球的方向助跑。在足球还没完全落地时，准备抬脚。

③～④ 支撑脚抓地，根据要出球的高度，调整触球脚脚踝的角度，脚内侧触球，触球点在足球的中心位置。触球过程中要保持身体平衡。

触球点

用容易贴合球面的脚内侧中心触球

触球点在足球的中心位置

小提示

不停球踢半高球时，踢球的方法基本和地滚球一样。用脚内侧果断地贴向球面，但是要根据足球的飞行轨迹及时抬脚准备，若抬脚过高，容易导致身体失去平衡。

练习

022 脚内侧不停球踢球（高球）

扫码看视频

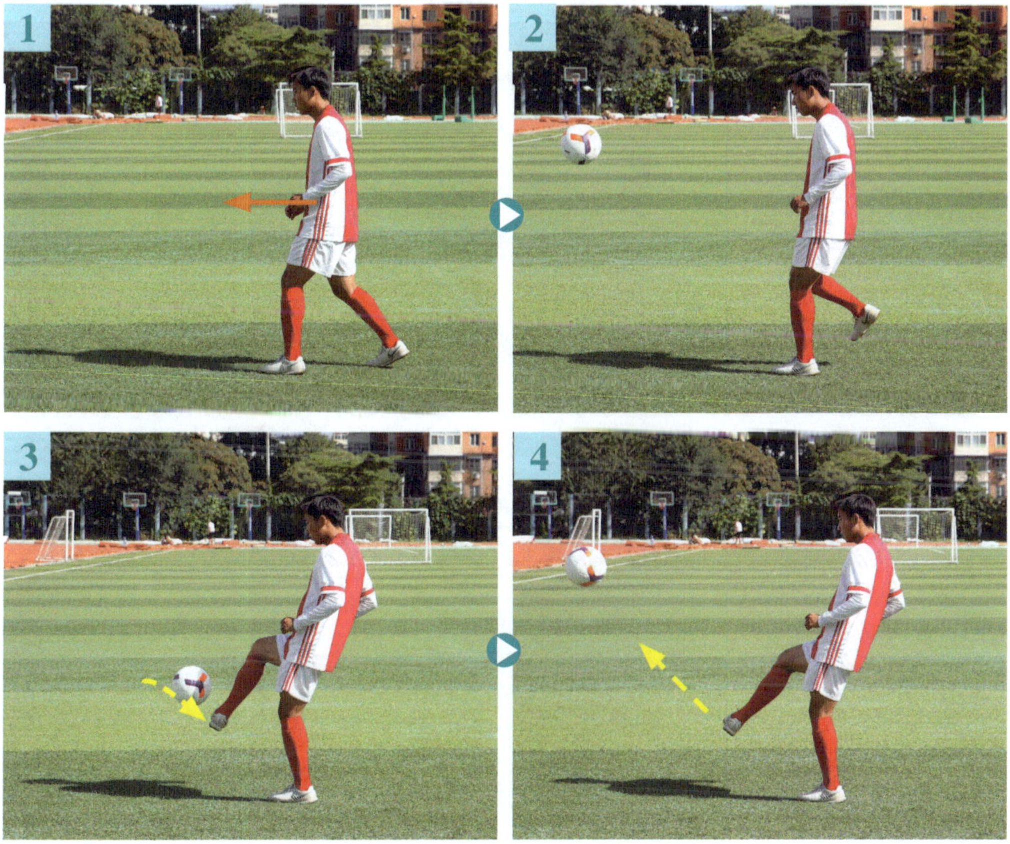

练习步骤

①～② 身体自然放松，看准足球的飞行轨迹，向球的方向助跑。在足球还没完全落地时，准备抬脚。

③～④ 支撑脚抓地，观察足球的飞行轨迹，用脚内侧接触足球的中心靠下的位置。调整触球的位置，不断地练习。

触球点

用靠近脚踝的坚硬部分触球

触球点在足球中心靠下的位置

小提示

用脚内侧触球时，更容易发力，触球准确性也会更高。触球脚的角度和用力的强弱不同，足球的飞行轨迹也不同。踢球时要用心体会触球的感觉，找到不同高度球时脚触球的力度和方向。

练习

023 脚外侧定点踢球（地滚球）

扫码看视频

练习步骤

①～② 看准触球点，向球的方向助跑，在心里计算好与足球的距离，决定支撑脚的位置。

③～④ 将重心放在支撑脚上，触球脚从后向前摆。用脚外侧直击足球的中心。

触球点

用外脚背小趾根部隆起的部位触球

触球点在足球的中心位置

技术解说

脚外侧踢球运用得比较广泛。这种方法出球的精确度高，只要稍微变换脚法，就可以踢出不同的球。

练习

024 脚外侧定点踢球（半高球）

扫码看视频

练习步骤

①～② 看准触球点，助跑向球，在心里计算好与足球的距离，决定支撑脚的位置。

③～④ 将重心放在支撑脚上，触球脚脚踝锁死从后向前摆。用脚外侧切向足球的中心偏下的位置。踢球时保持身体平衡，不要用力过猛。

触球点

用外脚背小趾根部隆起的部位触球

斜切足球的中心偏下的位置

小提示

用脚外侧踢半高球时，由于脚的构造特点，容易使球旋转并形成弧线形运动，因此要提前摆好姿势，向后摆腿，用脚外侧发力斜切式踢球。脚外侧踢球的关键就在于“切”球。

练习

025 脚外侧定点踢球（高球）

练习步骤

①～② 看准触球点，助跑向球，眼睛要时刻关注足球的位置。

③～④ 将重心放在支撑脚上，触球脚脚踝锁死从后向前摆。用靠近脚背的部分触球，踢高球时需要用到髋关节，从而增加动作的幅度。

触球点

用脚外侧离脚尖稍远，而靠近里侧脚背的部位触球

触球点在足球中心偏下的位置

小提示

踢高球时，为了保证球有足够的飞行距离，要用离脚尖稍远而靠近里侧脚背的部分触球，利用髋关节摆腿切向球的中心偏下的位置。膝盖以下部分的灵活性和触球瞬间的发力方法很重要。

练习

026 脚背定点踢球（地滚球）

扫码看视频

练习步骤

①～② 身体自然放松，向球的方向助跑，自由挥动双臂打开身体，做好准备。

③～④ 支撑脚踏在足球的一侧，触球脚大腿顺势后摆，膝盖微屈，前摆时大腿带动小腿，脚背绷直，以脚背正面踢足球的中心。

⑤ 踢球后，触球腿顺势前摆落地。

触球点

用靠近脚踝的脚背触球

触球点在足球中心偏上的位置

小提示

用脚背踢球能将脚部的力量有效地传递给足球，但由于足球和脚的接触面积小，因此对技术的精度要求较高。

练习

027 脚背定点踢球（半高球）

扫码看视频

练习步骤

①～② 身体自然放松，向球的方向助跑。

③～④ 将重心放在支撑脚上，支撑脚踏在足球一侧之后，触球脚向后摆，向前摆时，大腿带动小腿，用脚背踢足球的中心偏下的位置。

触球点

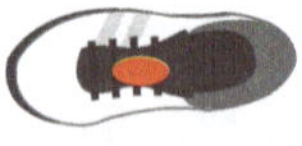

用靠近脚踝的脚背触球

触球点在足球的中心偏下的位置

小提示

踢球时观察好时机，以最平缓的角度完成摆腿，并及时调整好支撑脚的位置和角度。

练习

028 脚背定点踢球（高球）

扫码看视频

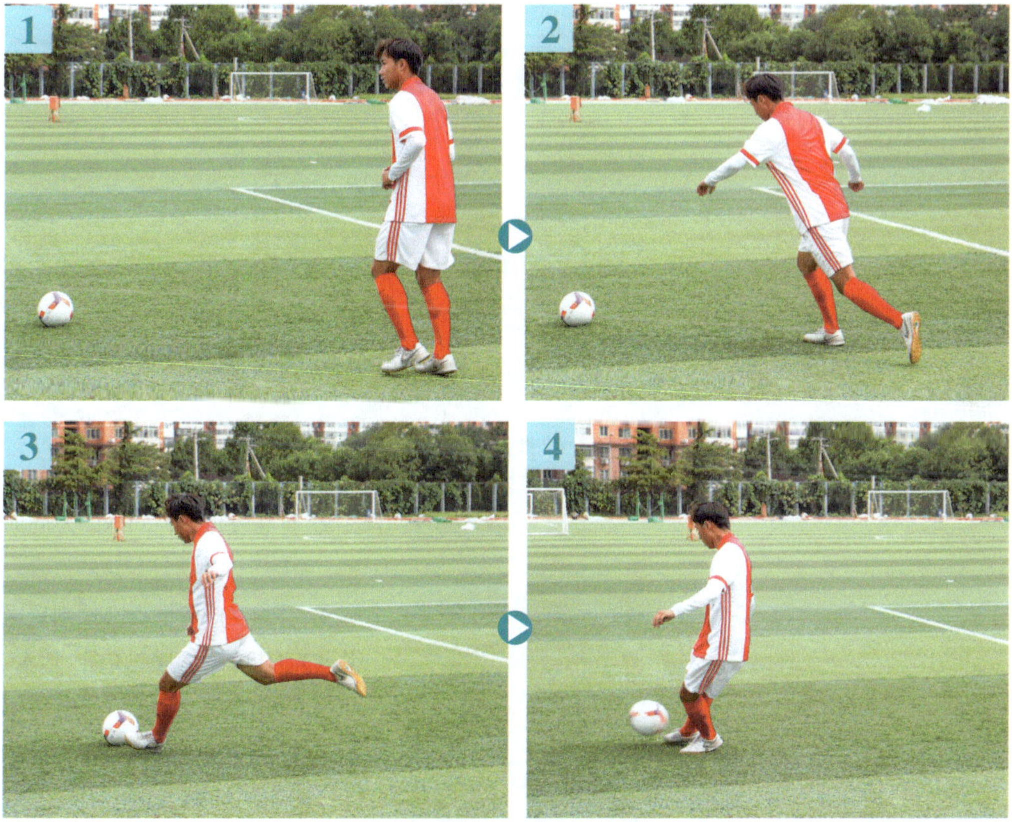

练习步骤

①～② 身体自然放松，向球的方向助跑。

③～④ 支撑脚踏在足球一侧，触球脚大幅度向后摆腿，将身体重心向后倾斜，用脚背靠近脚踝及脚内侧向上踢足球的中心偏下的位置。

触球点

用靠近脚踝脚内侧的脚背触球

触球点在足球的中心偏下的位置

小提示

想要踢出高球，需要在支撑脚踏在足球稍后的位置，并调整身体做后脚蓄力的同时，精准地将触球点控制在足球的中心偏下的位置。

练习

029 脚背不停球踢球（地滚球）

扫码看视频

练习步骤

①～② 看准触球点，向球的方向助跑，眼睛要时刻关注足球的位置。

③～④ 观察足球落地点并预判足球落地的时机，向后摆腿准备。接着，屈腿，当足球落入膝盖下方较低位置时使用脚背中心部分触球。

触球点

用靠近脚踝的脚背触球

触球点在足球中心偏上的位置

练习

030　脚背不停球踢球（半高球）

扫码看视频

练习步骤

①～② 看准触球点，向球的方向助跑，预判足球落地的时机，向后摆腿准备。

③～④ 用靠近脚踝的脚背偏外侧部位触足球，将足球踢出，并向外侧完成摆腿。

触球点

用靠近脚踝的脚背偏外侧部位触球

触球点在足球中心偏下的位置

小提示

在触球的瞬间，支撑脚要完全伸直，必须在足球和脚接触的瞬间发力，脚踝锁死，绷直脚背。

练习

031 脚背不停球踢球（高球）

扫码看视频

练习步骤

①～② 看准触球点，向球的方向助跑，将重心放在支撑脚上，支撑脚踏实之后，触球脚向后摆。

③～④ 将上半身的力量传给踢球脚。踢球时观察好时机，大幅度摆腿，从足球的中心偏下位置向上踢。

触球点

用靠近脚踝的脚背触球

触球点在足球中心偏下的位置

小提示

踢球时自下而上发力，动作幅度大一些，但并不需要因为动作幅度大而全身发力，身体要一直处于自然状态，只有在触球的瞬间，脚背用力，干净利落地踢出球。

练习

032 脚尖定点踢球（地滚球）

扫码看视频

练习步骤

①～② 身体自然放松，正对来球，向球的方向助跑。预估与球的间距和踢球的时机。

③～⑤ 面向传球方向支撑脚踏实，触球脚膝盖弯曲，向后摆腿后，用脚尖向前踢球的中心。

触球点

用踇趾与第二趾中间的位置，伸展脚趾触球

触球点在足球的中心位置

小提示

用脚尖踢球时脚趾要保持紧绷，触球的部位为踇趾与第二趾的中间位置。如果只用踇趾触球，容易导致脚趾受伤。

练习

033 脚尖定点踢球（半高球）

扫码看视频

练习步骤

①～② 看准触球点，向球的方向助跑，眼睛要时刻关注足球的位置。

③～④ 将重心放在支撑脚上，支撑脚踏实之后，触球脚向后摆。自下而上瞄准足球的中心偏下位置轻轻向上发力踢球。

触球点

用拇趾与第二趾中间的位置，伸展脚趾触球

触球点在足球中心偏下的位置

小提示

用脚尖踢球时，摆腿的幅度不需要太大。此外，要用脚尖将足球踢到空中，一定要让支撑腿位于足球的左侧后方。

练习

034 脚尖定点踢球（高球）

扫码看视频

练习步骤

①～② 看准触球点，向球的方向助跑，眼睛要时刻关注足球的位置。将重心放在支撑脚上，支撑脚踏实之后，触球脚向后摆。

③～④ 支撑脚站在距球稍近的位置，用幅度大的动作，自下而上瞄准足球的中心偏下的位置发力踢球。

触球点

用踇趾与第二趾中间的位置，伸展脚趾触球

触球点在足球中心偏下的位置

小提示

用脚尖踢高球时，触球点应该在足球中心偏下方的位置，脚踝锁死，用稍大的力量完成摆腿和踢球。

练习

035 支撑脚的平衡强化训练

扫码看视频

练习步骤

①～④

两人为一组，单脚站立，和搭档用足球互相推搡，练习单脚平衡能力。

小提示

练习过程中单脚站立，支撑脚重心降低，可以锻炼身体的平衡能力，当身体具备一定的平衡能力之后，踢球时支撑脚就不会失去平衡了。

练习

036 感受恰当的脚背击球点

扫码看视频

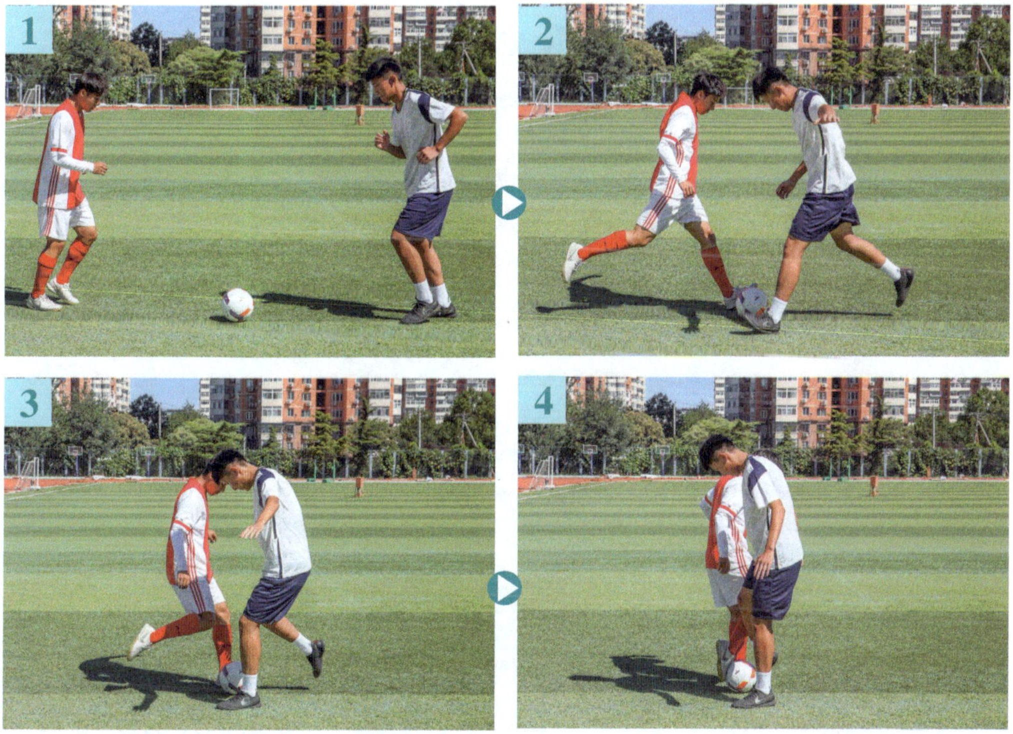

练习步骤

①～② 两人搭档，面对面站立在足球的两侧，同时向球助跑。两人都将重心放在支撑脚上，支撑脚踏实之后，触球脚向后摆。

③～④ 支撑脚在球的一侧，两人同时用脚背踢足球。

技术解说

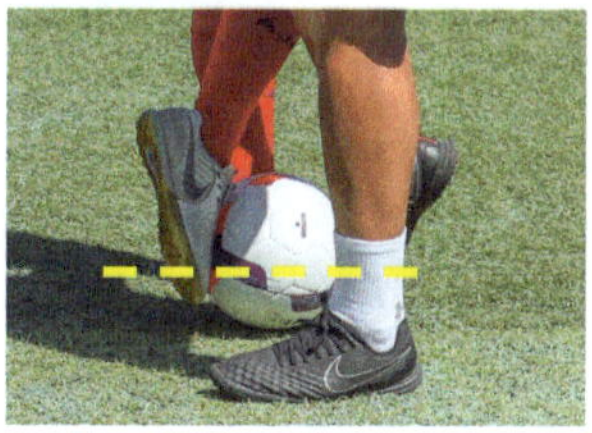

两人一起发力，给球的力相互抵消使球保持在原地。

小提示

用脚背踢球很重要的一点就是找到恰当的击球点，这样力量就能得到巧妙的传导，从而使足球不会朝其他方向飞走。

练习

037 连续脚背颠球训练

扫码看视频

小提示

足球下落后用脚背踢球的正下方，务必要把脚踝锁死，使脚背与小腿呈“V”形或“L”形颠球。若脚尖朝下，则球会向前飞，因此，正确的动作才可以保证足球不是旋转而是直接向上飞。

练习步骤

①～③ 抱球站立，接着使足球自然下落，观察足球的运动轨迹，小腿向后摆再向前用脚背从足球的正下方向上踢。

④～⑤ 反复练习向上踢球，最终学会踢足球的中心部位。

练习

038 感受恰当的脚内侧触球点

扫码看视频

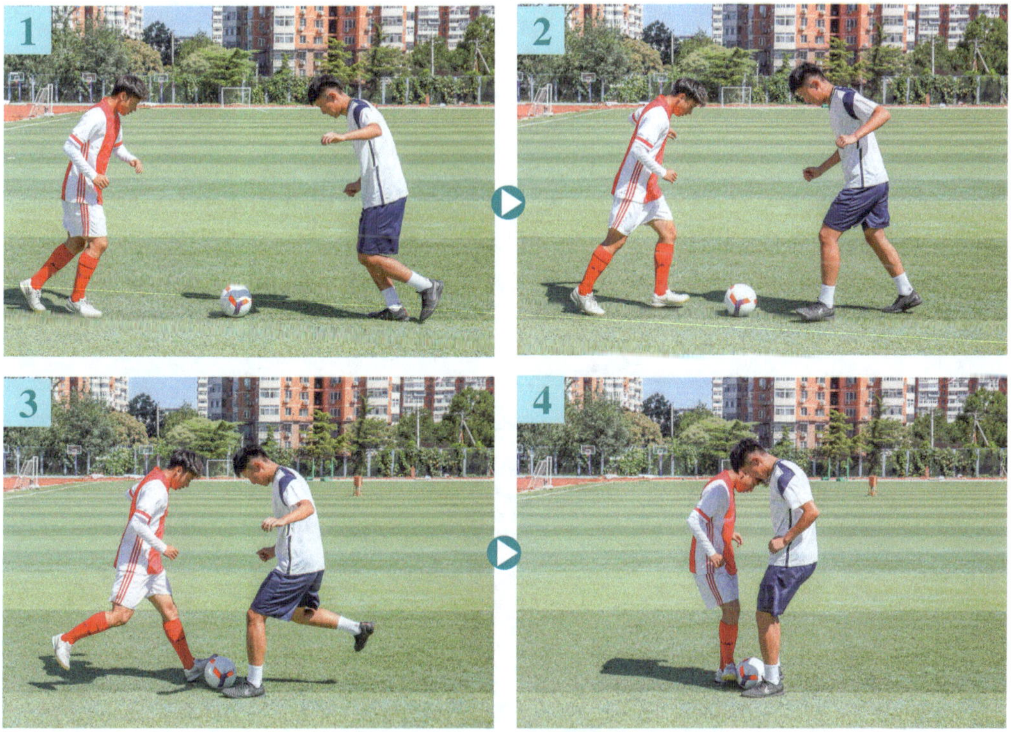

练习步骤

①～② 两人搭档，面对面站立在足球的两侧，同时向球的方向助跑。

③～④ 两人都将重心放在支撑脚上，支撑脚踏实之后，触球脚向后摆。支撑脚在足球的一侧，两人同时从后向前摆腿用脚内侧踢足球。

技术解说

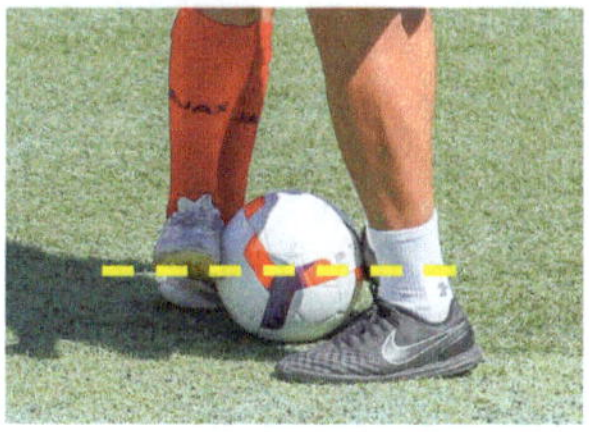

只能用脚内侧接触足球的中心位置。

小提示

用脚内侧踢球，只要准确地用脚内侧碰到足球的中心位置，力量就能巧妙地传导从而使足球不会乱跑。

练习

039 推传弹回的球

扫码看视频

练习步骤

①～② 站在离踢板一段距离的地方，观察来球的轨迹，支撑脚站立，触球脚向后摆。

③～⑥ 当足球向你滚动时，用脚内侧推球将足球传到踢板上。重复 50 次，连续地传球，可一脚传球，锻炼传球准确性与接球能力，此外还可以交替使用左脚和右脚来提高难度。

小提示

若直线传球给踢板，球会从同样方向弹回；若传球方向偏，则球反弹的路线也会改变。

练习

040 传球练习（长传）

扫码看视频

练习步骤

①～② 面向传球方向，长传时，为了充分发力，支撑脚在球侧后方位置；踢球前有一定助跑距离；为了使球更高更远，助跑后，踏实支撑脚后，大腿带动小腿加速摆腿。

③～④ 大腿带动小腿，从后向前发力摆腿，脚踝绷紧，脚背绷直，用偏向脚内侧的脚背位置踢球的中下部。

小提示

练习时要根据与队友之间的距离，采取不同的传球方式。无论在传球时是否需要有较大的发力，目的都是将球准确地传到队友脚下。

041 脚背定点射门

扫码看视频

练习步骤

① 身体自然放松，助跑向球。

②～④ 支撑脚脚尖朝向球门，利用脚背技术踢球的中下部射门。掌握后，左右脚交替练习。

小提示

练习中供球者可以提高供球的速度来增加难度。注意踢球时伸展踢球脚保持平衡。

练习

042 抛球并凌空射门

扫码看视频

练习步骤

① 供球者向空中抛起足球，练习者注视足球的方向，并向球的方向助跑。

② 注意足球的运动轨迹，当足球下落时，将触球腿快速向后摆。

③ ~ ④ 将触球腿快速向前伸直，保持脚背绷直，脚尖朝下并用整个脚背踢足球的中心位置，每次射门后换脚练习。

什么是凌空射门

在足球运动中，当足球在空中移动时，球员以一只脚为支撑，另一只脚脚尖绷直，大腿带动小腿瞬间以脚背触球的中部发力踢球，并将足球射向球门的过程，叫作凌空射门。因为凌空射门动作在触球前，腿部有加速的过程，所以力量较大。

练习

043 弧线球射门

扫码看视频

练习步骤

①~③ 站在足球斜后侧 45° 的位置，助跑接近球，将支撑脚放在足球的旁边或者位于足球的稍后方的位置。踢球时身体稍微后倾，用偏向内侧的脚背触球。

④~⑥ 踢球后从外向内完成随球动作。射出去的足球从右向左偏，这样的球称为弧线球。

第 4 章
停球技术与训练

足球运动中的停球就是有控制地将球停下来，使其在自己的控制范围之内，以便后续更好地处理球。停球也是足球运动中必不可少的技术，停球的好坏直接影响下一步处理球的结果。

基础知识

停球技术

停球技术要求面对不同的来球，配合使用不同的停球动作和缓冲节奏，将球停稳并控制住，而不被对手抢走。停球也是足球运动的基础动作。

停球的概述

什么是停球

停球就是指将球接住并控制下来。也就是说使用相应的身体部位，缓冲来球的冲力，并使其处于自己的控制范围内。足球比赛中，在高强度的对抗下，停球后必须时刻观察场上的情况，时刻警惕对手抢断。无论什么样的来球，无论以哪种姿势接球，只要能够将球停稳，并流畅地衔接下一个动作即可。

为了将球停稳，首先要练习原地接球，然后练习正对来球时迎球停球。

什么是原地停球

从原地不动的状态下能够停稳球开始练习。使用脚内侧、脚外侧等各部位停球，一边确认使用哪个部位停球最稳，一边记住这种感觉。这时应该可以感受到，由于来球的速度不同，脚和身体的姿势也会有所变化。将球稳稳地停在自己的脚下，是控球的第一步。

什么是迎球停球

熟练掌握原地停球后，接下来就要练习正对来球时迎球停球的技术了。比赛过程中，球员要摆脱防守队员，就需要更多地主动处理球，迎球停球在比赛中十分重要。比赛中接球的机会大多是主动迎球停球创造的。迎球停球时，要注意停球的力度要柔和。

停球的种类和方法

停球的种类

停球是指球员有控制地把球停下来，使其处于自己的控制范围之内，以便下一步更好地处理球。根据足球的活动状态，可以将停球分为停地滚球、停半高球和停空中球。用任何部位停球都要反复练习才能做好。停球时运用合理的动作，可使停球的部位和身体接触时有 个很好的缓冲。

停地滚球

停半高球

停球的方法

一般的停球方法是按照身体部位来划分的，可以分为脚底停球、脚内侧停球、脚外侧停球、大腿停球、胸部停球以及头部停球。

正面接半高球时，看清球的大致高度之后，考虑用胸部、大腿或者脚来停球。选用正确的部位做出停球动作，尽量把球停在方便自己做出下一个动作的合适位置。

脚底停球

脚内侧停球

脚外侧停球

大腿停球

胸部停球

青少年头部发育不完善，应减少或禁止头部停球训练。

练习

044 脚内侧原地停球（地滚球）

扫码看视频

练习步骤

① 放松身体，准备接球。

②～③ 观察来球，将右脚横放，脚触球瞬间轻微后撤，用脚内侧的中心触球。

⊙ 其他展示

小提示

正确地完成原地停球的动作，才能控制好停球的力度，接球时身体要放松，不要倾斜。注意接球时脚尽量轻微后撤，卸力触球是动作的关键。

触球点

用容易贴合球面的脚内侧触球

触球点在足球的中心位置

练习

045 脚内侧迎球停球（地滚球）

扫码看视频

练习步骤

①～② 观察来球的方向，一边调整速度一边向前移动。

③～④ 身体略微前倾，瞄准时机出脚。支撑脚先踏稳，用触球脚的脚内侧将球停住。

小提示

注意不以自己的身体作为轴心来停球，而是根据来球速度恰当地调整自己的位置。

触球点

用容易贴合球面的脚内侧位置触球

触球点在足球的中心位置

练习

046 脚外侧原地停球（地滚球）

扫码看视频

练习步骤

① 放松身体，观察来球，为出脚做好准备。

②～③ 配合球速，触球脚脚尖向内，同时抬脚，在触球的瞬间用脚部卸力。用外脚背停球时，在支撑脚稍靠前的位置停球。

⊙ 其他展示

触球点

用小趾和第四趾到脚背之间的部位接球

触球点在足球的中心位置

练习

047 脚外侧迎球停球（地滚球）

扫码看视频

小提示

触球瞬间要放松踝关节并轻微跳起，直接接触球面。如果将脚插入足球的底部，足球就会弹起来。

练习步骤

①～②　放松身体，观察来球并向前移动。

③～④　配合球速，在合适的位置支撑脚踏实。触球脚脚尖向内，并卸力向前出脚，用外脚背停球。

⊙ 其他展示

触球点

用脚趾根部和踝骨之间的部分触球

触球点在足球的中心位置

练习

048 脚底原地停球（地滚球）

扫码看视频

练习步骤

①～② 观察来球的方向，正对来球，根据来球的情况，停球脚做好准备。

③～④ 目视来球，抬脚用脚底接触足球的中上部，准确地将足球控制在脚下。

小提示

这个动作的关键在于脚触球的部位。用前脚掌触球，比较容易衔接下一个动作。但是如果将足球停在脚心下，很难在原地将足球踢出更远的距离。

触球点

用前脚掌停球

接触球顶稍偏向身体一侧的球面，不要触球的正上方

其他展示

练习

049 脚底迎球停球（地滚球）

扫码看视频

练习步骤

①～② 观察来球的方向，正对来球，做好抬脚准备。

③～④ 目视来球，用前脚掌触球，使球停住。然后伸展膝盖，用脚底将球推出。触球脚自然落地，衔接下一个动作。

小提示

用脚底迎球停球有两种方法，一种是停球后再上前，另一种是一边上前一边停球，这里使用的就是先停球再上前的方法。停球的方法与脚底原地停球相同，但是停球之后还需要向前运球，因此支撑脚的站位很重要。

触球点

前脚掌触球

触球的位置在比脚底原地停球偏下

练习

050 脚内侧原地停球（半高球）

扫码看视频

练习步骤

①～② 仔细观察来球，预测足球的落点，站定支撑脚，在便于停球的地方抬脚准备。

③～④ 预判好时机，侧抬脚，向前轻轻迎球，触球瞬间微微后撤。

触球点

用容易贴合球面的脚内侧中心偏上位置触球

触球点在足球的中心位置

小提示

直接停半高球时必须精准触球，以放松的状态轻轻给足球卸力。

练习

051 脚内侧迎球停球（半高球）

扫码看视频

练习步骤

①～② 仔细观察来球，预测出足球的落点，站定支撑脚，准备好脚弓停球的姿势。

③～④ 在足球落地的同时触球，触球点在足球中心偏上的位置，避免足球被踢高。触球脚有轻微下压的动作并顺势前进，停球后让半高球变成地滚球。

触球点

用容易贴合球面的脚弓中心偏上位置触球

触球点在足球的中心偏上的位置

⊙ 其他展示

小提示

停半高球时，把握好触球的时机比较关键。如果在足球还没有落地的时候就用脚触球，就会导致足球反弹或者踢空的情况，无法衔接下一个动作。

练习

052 脚外侧原地停球（半高球）

扫码看视频

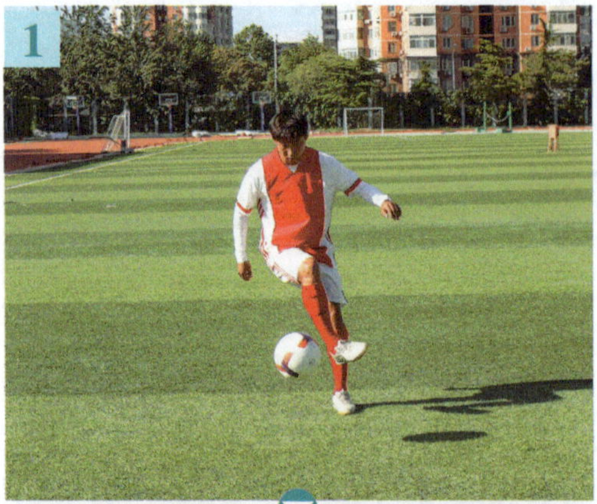

小提示

使用外脚背停半高球时，为了能缓冲足球的力量，必须做好准备姿势。如果准备姿势没做好，会因为控制不好力度而把球踢飞。

练习步骤

① 身体放松，观察来球，做好准备。

②～③ 配合球速，支撑脚在合适的位置踏实。用脚外侧最大接触面触球。触球前小腿向外侧折叠，触球瞬间脚外侧向地面回收一点，从而缓冲半高球的冲力。

触球点

用脚外侧最大接触面触球

触球点在足球的中心位置

技术解说

用脚外侧停球时，通过触球瞬间力量的调整，可以改变足球的反弹方向。

练习

053 脚外侧迎球停球（半高球）

扫码看视频

练习步骤

①～② 预测足球的落点，向前移动，重心降低，抬腿迎球的同时，用脚外侧正对来球。

③～④ 用脚外侧触球。等足球下落到膝盖下方后触球。触球点在足球中心的位置。

触球点

用脚外侧一点的位置触球

触球点在足球的中心位置

小提示

和脚内侧停球一样，脚外侧停球同样需要通过触球的时机和触球卸力程度控球。触球前抬腿准备便于调整脚部力度，能柔和而平稳地停球。触球瞬间要控制好力度，用力过猛会使球反弹。触球前踝关节要绷紧，重心下降，否则容易“踩球车”，导致脚踝受伤。

练习

054 脚底原地停球（半高球）

扫码看视频

触球点

前脚掌

触球点在足球接近球顶的位置

练习步骤

①～② 仔细观察来球，预测足球的落点，站定支撑脚，在便于停球的地方，抬脚准备。

③～④ 预判好时机，脚踝卸力，用前脚掌接触足球的上部，在足球落地反弹的瞬间用脚踩住。

小提示

使用脚底停半高球和用其他部位停球一样，必须预判准确足球落下的时机。足球触地弹起后用脚底触球时，脚踝可以起到缓冲作用，用来减弱来球的冲力。

练习

055 脚背原地停球（半高球）

扫码看视频

练习步骤

①～② 仔细观察来球，预测足球的落点，站定支撑脚，保持触球脚随时可以发力。

③ 在足球的落点出脚，脚踝放松，使用脚背的前半部分触球。触球位置准确的话，足球的速度会被有效缓冲。

技术解说

用脚背原地停球时，用脚背的前半部分接球。脚略微抬起，足球与脚背接触后自动卸力。

触球点

缓冲球速时用脚背前半部分触球

触球点在足球的中心位置

练习

056 脚背迎球停球（半高球）

扫码看视频

小提示

由于脚背比较坚硬，在迎球停球时，往往较难控制好发力，因此该技术难度较大，需要反复练习，逐步掌握要点。

练习步骤

①～② 放松身体，观察来球并向前移动。

③～⑤ 预测足球的下落轨迹，慢跑并轻轻抬起触球脚用靠近脚踝的脚背部分触球，并稍做下压的动作，之后触球脚着地，衔接下一个动作。

触球点

用靠近脚踝的脚背部分触球

触球点在足球中心偏上的位置

练习

057 大腿原地停球（半高球）

扫码看视频

触球点

原地停球时，用大腿中部偏上的位置触球

触球点在足球的中心位置

练习步骤

① 观察来球，做好触球准备。

② 正对来球，使用大腿中部偏上的位置触球。停球时，轻轻抬起大腿迎球，无须发力，触球瞬间大腿轻轻随球下落路线后撤。

③～④ 目视足球，足球落地后，继续衔接下一个动作。

小提示

大腿是停高球时有效的身体部位。因为大腿上半部分肌肉发达，能有效缓冲球速。而大腿靠近膝盖处相对坚硬，容易将球顶飞，不利于缓冲足球的冲力。

058 大腿迎球停球（半高球）

扫码看视频

小提示

越靠近膝盖，足球飞出的距离也就越远。练习时可以通过颠球感受足球的反弹力。

触球点

迎球停球时，用大腿中部靠下位置触球

触球点在足球的中心位置

练习步骤

① 观察来球的高度并向前移动。预判好时机，站定支撑脚。

②～④　轻轻跳起，触球脚向上抬起，右腿抬起使用大腿中部偏下位置触球。触球点越靠近膝盖，足球就会飞得越远。

⑤ 缓冲球速，足球落向前方。衔接下一个动作。

练习

059 胸部原地停球（半高球）

扫码看视频

练习步骤

① 正对来球，做好准备姿势。

②～③ 抬起手臂，放松肌肉，呼气卸力，用胸部肌肉触球。足球的冲击力被缓冲，球速下降。

触球点

用胸部肌肉发达处稍偏上的位置触球

触球点在足球的中心位置

小提示

胸部停球针对胸部以上的高球比较有效，也比较常用。

练习

060 胸部迎球停球（半高球）

扫码看视频

练习步骤

① 根据足球的高度，配合停球的部位，架起双臂，保持身体平衡，向前移动。

②～③ 同时挺胸，使足球落在胸部肌肉发达的位置。足球下落后衔接下一个动作。

触球点

小提示

无论是原地停球还是迎球停球，接球时胸部朝上足球就会先向上反弹，身体站直时则足球会向前运动，俯身时则足球就会落向地面，因此在接球时应想好下一步的动作，以确定好触球时的角度。

练习

061　把球停在脚背上

扫码看视频

练习步骤

①～②　双手抱球站立，做好准备。接着将足球放开，支撑脚站立，用另一条腿的小腿和脚把足球接住。

③～④　使足球自然下滑，停在脚背上，保持身体平衡。

小提示

此练习的目的是，把足球停稳之后，单脚站立，保持身体平衡，体会足球停在脚背上的感觉。可以和小伙伴们比一比，看谁让足球在脚背上保持的时间更长。

练习

062 边线停球 1

扫码看视频

练习步骤

① 观察对方球员的位置和来球，选择开放式站立（让传球队员和要移动的方向都在视野内的站位），做好触球准备。

②～⑥ 用脚内侧控球，身体直接朝向带球方向，接着自然地衔接下一个技术动作，并带球向前移动。

小提示

学习踢足球除了要对传球进行训练之外，还要提高接球的能力。在比赛过程中，当处于被对方球员盯人紧逼的情况下，为了不被抢断，经常会要求球员能够在传球时，尽可能做到快速、简单地处理球。

练习

063 边线停球 2

扫码看视频

练习步骤

①～② 跑动中随时观察来球，准备停球，尽量不要降低跑动速度。

③～⑤ 继续跑动，跑动到位后，用脚内侧把足球停下来。快速调整连接下一个动作。

小提示

当球员能够熟练掌握停球技术之后，就要学习如何在跑动中停球。尽量在跑动中不减速，且脚下不黏球，把停球与接下来的控球盘带动作衔接到一起。

064 传停练习（地滚球）

扫码看视频

练习步骤

① 搭档传球，练习者观察来球方向，伸出触球脚迎球。时刻关注足球的滚动方向。

② 用脚内侧触球，触球瞬间将脚向后撤，缓冲足球到达时的冲力。触球后将足球踢出。

③ ~ ⑥ 搭档继续传球，反复多次练习。

练习

065 地面传接球（地滚球）

足球滚动路线

人员组织：

人数不限，两人一组。

场地设置：

两人间隔 5 米面对面站立。

练习过程

- 球员两人一组，每组一个足球。在教练的指令下，两球员沿着地面来回传球，A 传给 B，B 再传给 A，在 1 分钟内尽可能多地传球。
- 球员必须通过两次触球来停球和传球，也就是两脚球，停一脚，传一脚。用脚的内侧或外侧来停球和传球。
- 每名球员触球超过两次则扣分，每轮 1 分钟，一共训练 5 轮，两轮间休息 20~30 秒。

技术解说

训练中可以通过增加时长、减少一脚停球或者增大传球的距离来增加难度，也可以通过允许 3 次触球来停球和传球，降低难度。

练习

066 行进传接球（地滚球）

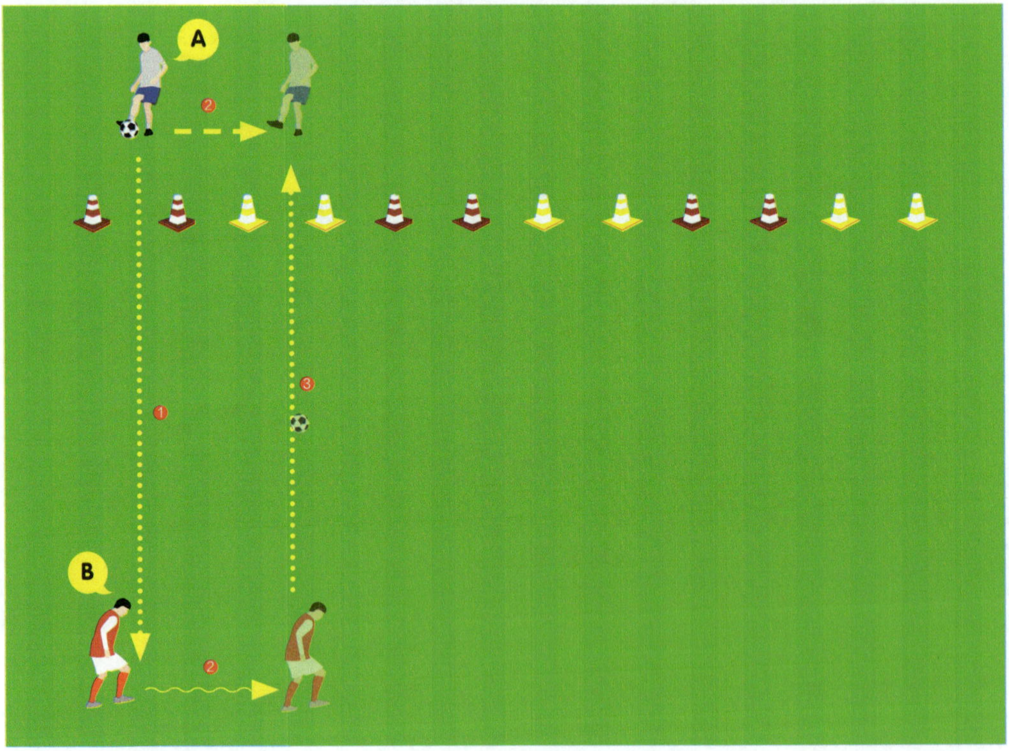

人员组织： 人数不限，两人一组。

场地设置：

用标记物在场地上随意标出 6~8 个 3 米宽的小球门。

练习过程

- 球员两人一组，每组一个足球。搭档者进行传接配合练习，尽可能多地将足球从一个一个的球门传过去。
- 球员 A 将足球从球门传过去之后，接到足球的球员 B 将足球带向另一个球门并传球，而球员 A 此时快速冲到旁边的球门去接回传的足球。在带球走到另一个球门之前，球员只能通过两次触球来接触和控制足球。
- 每当足球从球门传过而球员未能两次触球来接到足球并进行控制时，或传球失误未通过小门时，则小组被扣分。继续练习，直到通过所有球门。

练习

067 向前跑动过程中接球

扫码看视频

小提示

球员在跑动中要时刻观察场上的情况，尤其要注意附近防守球员的位置。在背后有对方球员逼抢时，接球之前要观察对方球员的动作。

练习步骤

①～② 向前跑动过程中观察来球。

③～⑥ 足球到位后，用脚弓将足球停住。观察身边的情况，继续向前带球并转身。

练习

068 二过一传切配合

扫码看视频

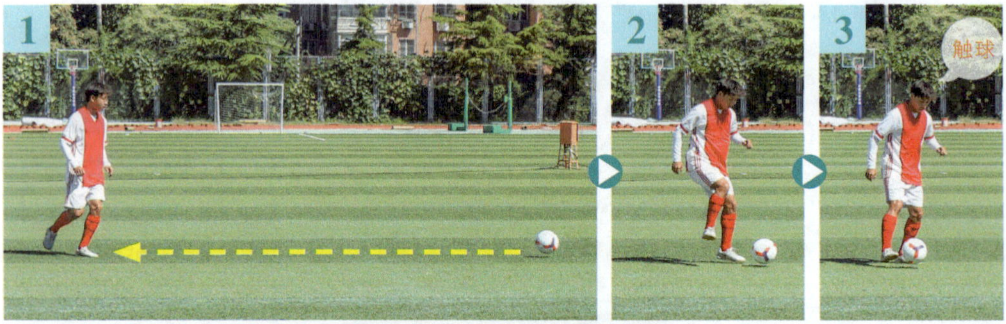

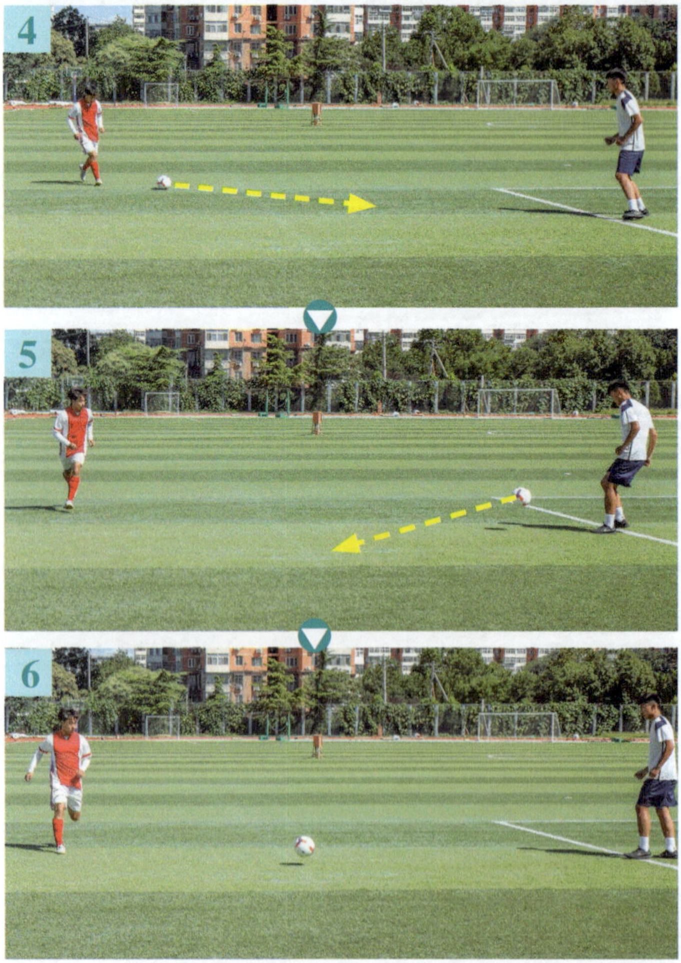

练习步骤

①～③ 接到队友的传球，用脚内侧停好球。

④～⑥ 快速将球传给队友。传球后加速启动跑位，等待队友把球传回来。

第 5 章

带球技术与训练

带球也称运球。在足球运动中，控球和带球技术非常重要。带球成功的关键要素就是速度，如果能在带球过程中，改变对手的位置，突破对手的防守，从而找到传球、射门的时机，运用带球技术变换进攻的速度，就可以控制比赛的节奏。本章介绍一些常见的带球技术，帮助练习者在比赛中更好地运用这些技术，并形成自己的带球节奏。

基础知识

带球技术

盘带就是球员在跑动中把足球有控制、有方法地带到目标位置。

带球的概述

什么是带球

带球也称运球，是用脚推拨足球，并在跑动中牢牢控制住球的动作。带球主要是用脚背的外侧或者内侧部分触球。我们无法得知对手会在什么时候或是选择怎样的时机来抢夺我们的球，因此必须时刻让球靠近自己身体，通过盘带并在突破后快速移动将球带到目标地点。

如果足球远离脚下或者正在脚底，则无法顺利地进行盘带，必须经过无数次盘带训练，才能发现自己擅长的控球范围。

带球的方式

足球比赛中有几种常见的盘带方式：带球越过或超越对手；在狭窄的空间中，带球获得严密的控制权或者保持控制权；在开阔的空地中，带球前进时获得更快的速度。

带球的风格类型：技术型、速度型、节奏型、平衡型和全面型。

盘带的技巧

通过盘带获得速度

速度是带球过人成功的重要因素。在某些情况下，带球的速度要优先于严密的控球。习惯性地在带球推进的过程中，通过身体的假动作、触球动作的突然变化以及带球节奏的变化来摆脱防守队员。熟练掌握带球技巧的姿势，然后在盘带突破后加快速度，在带球时运用盘带的技巧，在对手上前逼抢之前，尽早地做出技术动作，这是带球的重点。

拉开与对手的距离

足球比赛中，拉开与对手的距离，不仅是为了护住脚下的足球，也是为了让自己在对抗中处于优势。如果在与对手的对峙中占据心理优势，那么接下来使用盘带技巧摆脱防守的成功率就会大大提高。

通过带球保持主动权

足球比赛中，如果发现可带球的空间变得很小，比如同时遭到两到三个对手施压时，球员最迫切的是保持控球权而不是闯过对手。这时可以通过将足球带出“是非之地”来保持控制权，然后将足球传给合适的队友。球员可通过脚和身体的假动作与速度和方向的突然改变来摆脱对手，进而创造可以利用的空间并将足球带出。

小提示

在实际的足球比赛中，有时可能会面临背对着对手的情况，这个时候攻方球员看不到防守球员，实际上处于被动状态。在这种情况下，提前观察，用肢体去感知对方大致位置，通过突然的或出乎意料的技术动作，把球带到对手猜测的相反位置，是突破成功的关键。

练习

069 朝着球门方向盘带

练习步骤

① 将足球放置在身前，抬头观察并做好准备。

②～③ 注意第一脚触球质量，用脚外侧轻触球或为了快速启动，选择脚内侧触球，接着向前跑动，保持足球在控制范围之内。

④～⑥ 快速跑动到位后，用脚外侧把足球推出去，继续向前盘带，要让足球始终处于自己能控制的范围之内。

扫码看视频

小提示

向前盘带过程中，足球离脚太近或者太远都不能顺利地控球。这种情况下足球很容易被对手抢断。要让足球随时处于自己的可控范围内。触球时力度要小，不仅可以用脚外侧触球，也可以用蹬趾附近的部位触球。盘带过程中要保持抬头观察，同时也要随时观察其他球员。

练习

070 不失球的盘带—护球

扫码看视频

练习步骤

①～② 以右脚控球为例，左腿重心下降支撑，左臂抬起隔开防守队员，将球控制在右脚前脚掌，使足球远离对手。随时做好改变方向的准备。

③～④ 对手来夺球时迅速运用踩球、脚内侧扣球、脚外侧拨球或拉球变向等动作将足球带走。

⑤～⑥ 改变方向后随时观察周围的情况，始终将足球置于远离对手的位置。

练习

071 带球越过对手

扫码看视频

练习步骤

① 直接朝着对手带球，同时保持身体平衡，使足球在控制范围之内，并随时观察对手。

②～⑤ 面对对手带球，使用欺骗性的动作，突然改变方向和速度使对手失去平衡，并将足球从对手身边踢过。

072 通过带球保持控制权

扫码看视频

练习步骤

①～② 直接朝着对手带球，同时降低重心，双脚距离拉宽，保持身体平衡，使足球在控制范围之内。

③～④ 对对手施加压力进行反击，使用脚的适当部位触球，拉开足球和对手之间的距离。

⑤～⑥ 保持对足球的严密控制，从对手施压的地方撤离，将足球传给队友。

小提示

在比赛过程中，球员有时更加需要保持对足球的控制权而不是闯过对手。因此，可以通过将足球带出“是非之地”来保持控制权，然后传给自己的队友。

练习

073 通过带球获得速度

扫码看视频

练习步骤

①～② 随时观察场上的变化，保持跑步的姿势，将足球推向前，并将足球保持在自己的控制范围内。

③～⑤ 用脚外侧触球，将足球向前推动，并快速冲上去，用快速并流畅的大步伐跑动，将球保持在可控的范围内，并继续向前带球。

小提示

在比赛中，有时带球的速度要优先于严密的控球。在这种情况下，球员的目的是尽快地接近球门。需要用脚外侧或者整个脚背将足球推向场地的开阔处，然后带球前进。

练习

074 单脚挑球

扫码看视频

练习步骤

① 把脚的前脚掌踩在足球上面。

②～③ 用前脚掌将足球拉近身体，顺势把脚尖插入球的底部，球滚到脚背和脚尖中间位置时，给球向上的力。

④～⑤ 像把足球捞起来一样，将足球带到约膝盖高的位置。

小提示

练习时，如果放置足球的位置与身体太近，那么就没有把足球拉近身体的空间了，因此要注意把足球放在离自己稍远一点的位置。

练习

075 双脚夹球挑球

扫码看视频

练习步骤

① 把足球紧紧地夹在双脚之间，双膝微屈。

②～③ 保持夹球的姿势起跳，在跃起的最高点放开足球，后面可以继续进行颠球动作。

其他展示

小提示

保持用双脚夹住足球的姿势起跳。如果夹球的力量太弱或是没有把足球夹在双脚正中间，足球就会在起跳的时候掉下去，因此练习时要多加注意。

076 双脚夹球向后挑球

扫码看视频

小提示

刚开始练习时，足球可能会打到臀部或者朝身后飞去，因此要多加练习。转体起跳时可以做出看向斜后方的动作。

技术解说

一定要用内踝靠后的部位牢牢夹住足球，接着奋力起跳。如果用内踝靠前的位置夹球，就很容易使足球掉落。

练习步骤

① 把足球紧紧夹在双脚之间。

② 双膝微屈，准备夹球起跳。

③～④ 起跳的同时转动上半身，把足球带到最高处。

练习

077 脚后跟挑球

扫码看视频

练习步骤

①～② 把足球紧紧夹在双脚之间。接着重心放在左脚，准备挑球。

③ 右脚脚内侧将足球沿着左小腿向上滚动。

④～⑥ 接着右脚顺着球的弧度向下切球一侧，使球反弹地面后向上，同时做好颠球准备。

小提示

如果稍微旋转一下足球，足球就会稍微向前弹起，这样就可以用脚背轻松地托球和颠球。

练习

078 脚背挑球

扫码看视频

练习步骤

① 把足球紧紧夹在双脚之间。接着调整重心，准备挑球。

②～③ 右脚将足球沿着左小腿后侧向上滚动。接着稍微将足球向后移。同时脚背发力切球。

④～⑥ 随着足球反弹，球员向球的方向转身，接着，用左脚控球。

练习

079 脚内侧转身

扫码看视频

练习步骤

①～② 队友传出球，球员向足球跑动。接着对向前进行中的足球做出开大脚的假动作。

③～⑤ 在足球即将静止的时候，用脚内侧将足球切到身体的一侧，并完成转身的动作，转身后加速带球。

小提示

转身就是改变控球的方向，在比赛中，当没有占据有利位置或者被对手盯得很紧时，可以通过控球的方向与角度的变化，让足球远离对手。

练习

080 脚外侧转身

扫码看视频

练习步骤

①～② 队友踢出球，球员向足球跑动。接着踏实支撑脚，准备用右脚外侧触球。

③～⑤ 尽量将腿往前伸，用右脚外侧触球，将足球拨到正确路线上，并完成转身动作，继续将足球向前快速推进并跟上。

小提示

脚外侧转身和脚内侧转身的要点相同，也就是一脚触球完成转身动作。如果触球的次数太多，速度减慢并且很容易遭到对手的抢断。

练习

081 跨步转身

练习步骤

①～② 和对手同时跑向足球，支撑脚踏实，触球脚抬起假装要传球。

③～④ 触球脚假装传球，实则从足球前面跨过，转身并将球拨向相反的方向，之后快速带球。

小提示

多掌握几种转身控球的技巧，可以根据赛场上的不同形势采取不同的策略，从而创造更好的进攻机会。

练习

082 过顶球过人

练习步骤

① 用前脚掌将足球反向盘带，用脚尖将足球向上挑起。

②～③ 用脚背将足球轻轻颠起来。用力将足球向上踢出，使足球飞过对手的头顶。

④～⑥ 身体朝足球的方向移动。判断好球速的同时，跑向足球的落点。

⑦ 足球下落后，向进攻方向或合理的方向带球。

扫码看视频

小提示

该技巧会让足球从对手的头上越过，因此使用该技巧时要与对手保持一定的距离。能够紧凑地颠球并过人踢球是成功使用该技巧的重点。

练习

083 单脚滑步变向

练习步骤

① 与对手保持一定的距离，同时把足球稳稳地控制在脚下。

② 用右脚前脚掌向左拨球，引诱对手上抢。

③ ~ ④ 顺势重心左移，左脚内侧接球，并向前带球，打乱对手节奏。

⑤ ~ ⑧ 带球继续加速向前，甩掉对手。

扫码看视频

小提示

此动作是通过脚下前后左右控球，骗对手移动重心后摆脱对手的技巧。将足球在脚下滑动，以此来扰乱对手对足球的动向判断。单脚滑动一般在与对手距离较近时使用。

练习

084 脚后踢球过人

练习步骤

① 对手在前防守。

②～③ 球员支撑脚踏实，触球脚前脚掌向后拉球。

④ 拉至支撑脚内侧的瞬间轻轻跳起时，并将足向前踢出。

⑤～⑥ 调整角度，让足球从对手两脚间的空间穿过，加速从对手外侧超过去继续控球。

小提示

此动作要求带球时要掌握好速度和节奏，诱使对手双脚分开站立，对手打开双腿的瞬间，立刻做好准备。在处理足球时，支撑脚的角度不当也可能会踢出弹地球，因此要注意控制角度和时机。

扫码看视频

4

5

6

小提示

支撑脚的角度，决定出球的方向。带球时一定要时刻观察对手的动作，否则难以带球过人成功。

练习

085 接球转身过人

练习步骤

①～② 提前观察，确认对手的位置，抬腿接球。触球后随时准备转身。

③ 结合来球，用脚内侧领球，迅速转身。

④ 转身完成后，身体重心迅速转换，自然地衔接用脚外侧拨球过人。

⑤～⑥ 迅速带球，超过对手。

小提示

接到传来的足球之后，利用足球本身的势，完成转身并摆脱防守，将足球带出去。

扫码看视频

触球点

来球时，为了不减慢来球的速度，可以用脚内侧轻轻把足球领到脚下

踢球时，用脚外侧拨球

小提示

比赛中，如果一直处于被对手盯得很紧的状态下，接到传球最有效的技巧就是顺势转身过人。要点就是要和对手保持一定的距离，确认好对手的位置，确保有充足的空间。

练习

086 支撑脚挑球过人

1

2

3

4

练习步骤

①～② 对手在前防守，不要与对手靠得太近，用脚掌控制好脚下的足球，向支撑脚方向拉动。

③～④ 把足球拉到支撑脚下，这时对手可能会上抢，接着支撑脚伸入足球底部，将足球挑起后踢出。

小提示

支撑脚挑球过人，就是利用支撑脚将足球挑起来，带球突破对手的技巧。动作的关键是找准时机先向后拉球，之后换脚挑球。

扫码看视频

练习步骤

⑤～⑦ 重心前移，顺势带球奔跑。从对手的身旁穿过，追上挑出去的足球。

小提示

用支撑脚挑球最难的就是控制方向，足球的落点非常重要，要勤加练习。还要注意的是，如果向后拉球加踢球的力度过大，就会导致足球离身体太远而失去控制。

练习

087 面对面变向技术练习

扫码看视频

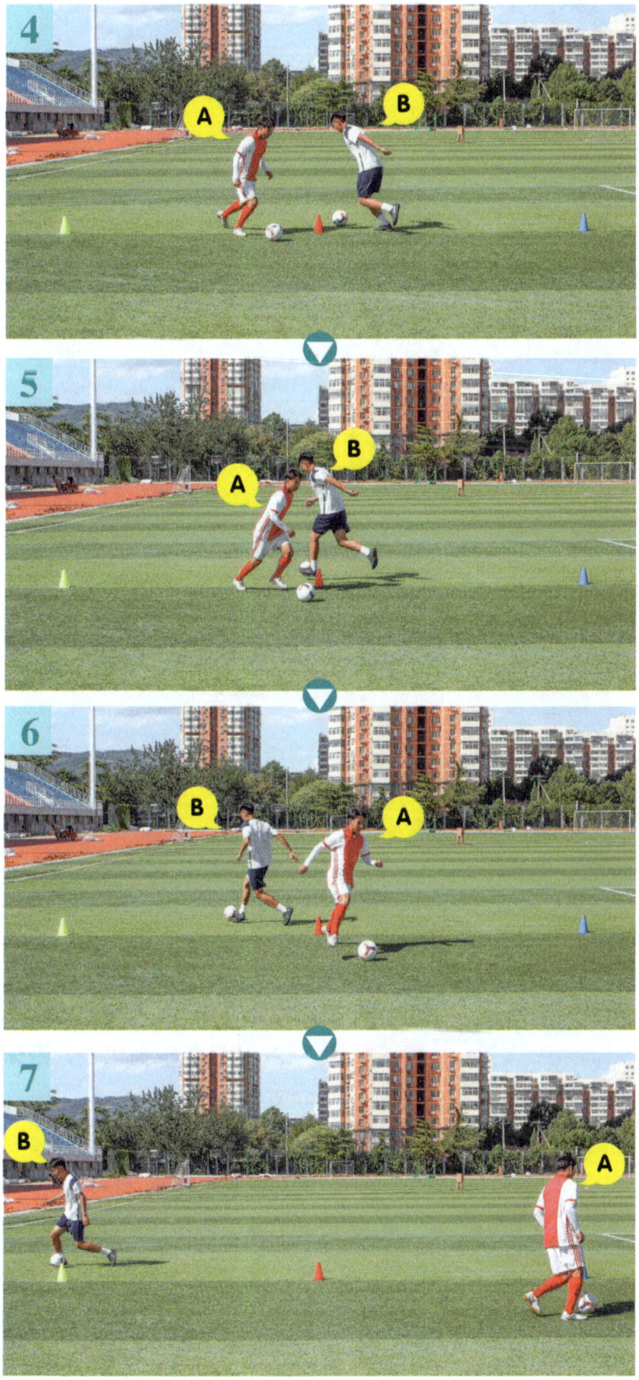

练习步骤

①～② 两名球员各带一个足球站在起始锥桶的位置，接着在锥桶之间向前带球。

③～⑦ 运球到中间锥桶前两名球员通过左脚向左跨，接着用右脚外侧带球分别从锥桶两侧绕过。接着向前带球到达对方锥桶位置后，转身返回并重复训练。

小提示

虽然球员需要在两侧都完成基本的动作，但是在练习过程中，要事先决定好躲避哪一侧。

088 向内转身

扫码看视频

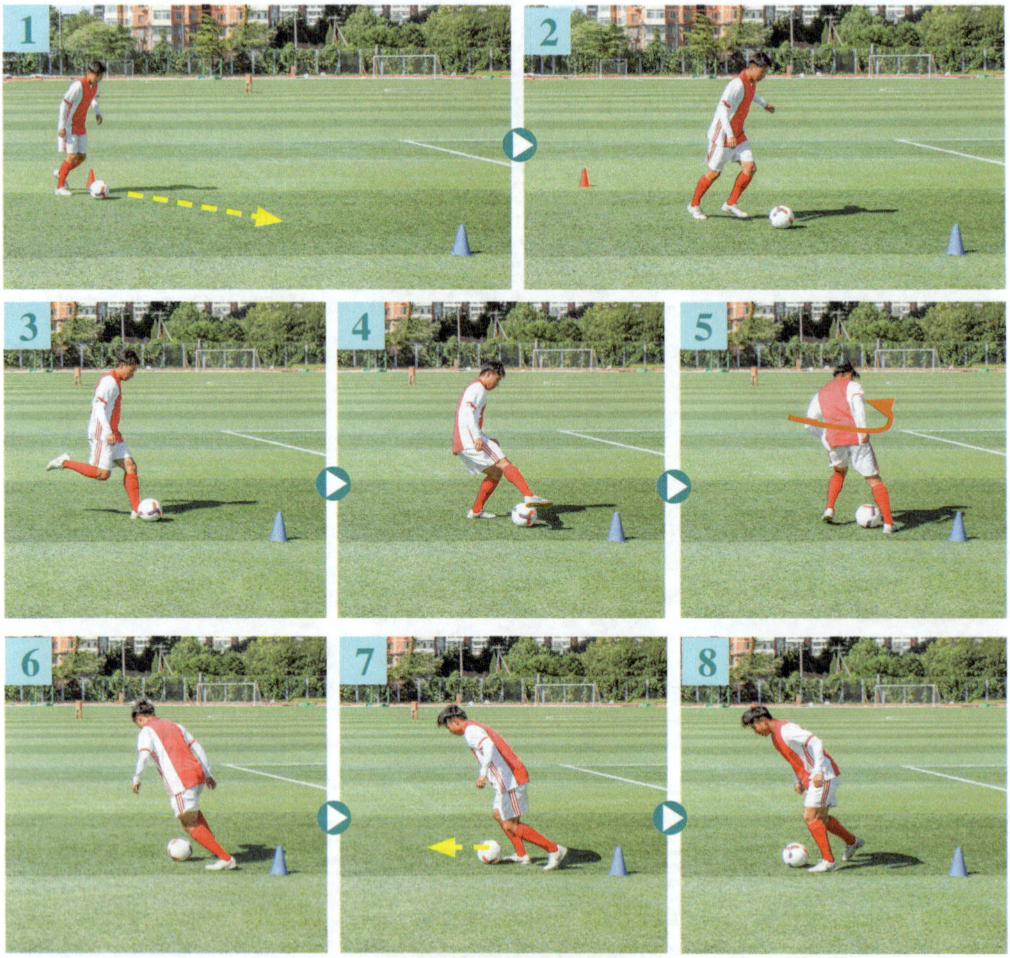

练习步骤

①～② 从红色锥桶出发，带球向蓝色锥桶跑动。

③～⑨ 快到蓝色锥桶时带球向左侧转身，并用身体掩护球，同时用右脚内侧扣球，在转身之后立即跑向黄色锥桶，并同样完成向内转身后再向红色锥桶跑动，重复练习。

练习

089 向外转身

扫码看视频

练习步骤

① 从红色锥桶出发，带球向黄色锥桶跑动。

②～⑦ 快到黄色锥桶时，脚外侧带球向右侧转身朝向蓝色锥桶，同时用右脚外侧拨球，转身后带球到蓝色锥桶，并同样完成向外转身后再向红色锥桶跑动，重复练习。

练习

090 接球后斜前方跑

扫码看视频

练习步骤

① 球员 A 快速将足球传给球员 B。

②～③ 球员 B 使用脚内侧控球并带球向右侧跑动。

④～⑤ 跑动到锥桶位置之后，球员 B 将足球回传给球员 A。

⑥ 球员 B 跑回初始位置。接着继续完成下一个回合。完成 5 个回合的向右脚传球，再完成 5 个回合的向左脚传球，接着球员交换位置继续练习。

小提示

此练习的目的是控球，除了步骤中的方法之外，还可以做一些变化。比如，可以通过让球员在控球前跑向足球或者在控球前假装快速跑向相反方向、使用脚外侧控球、在球员身后增加一名防守球员等方法来增加难度。

练习

091 接球后斜前方跑（来回）

练习步骤

① 球员 A 快速将足球传给球员 B。

②~④ 球员 B 用右脚内侧接球后使用脚外侧带球至右侧锥桶后用脚内侧控球绕过锥桶。

⑤~⑧ 球员 B 运回初始位置，运球完成之后，球员 B 将足球回传给球员 A。完成 5 个回合的向右脚传球之后，再完成 5 个回合的向左脚传球，接着球员交换位置继续练习。

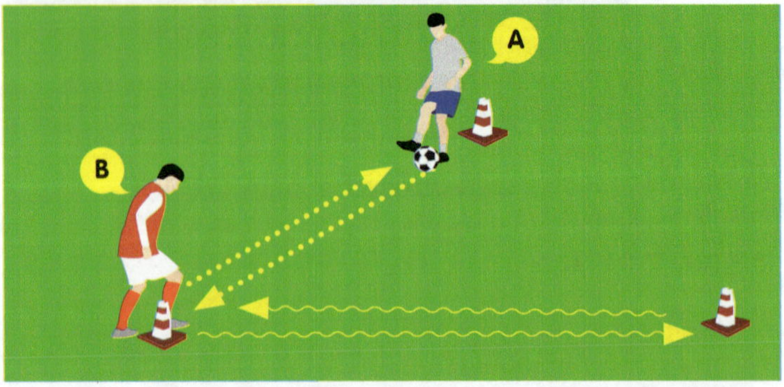

相邻锥桶间隔 4~7 米

足球滚动路线

带球跑动路线

小提示

与上一个练习相似，此练习也可以通过调整跑动方向、增加防守球员等方法来增加难度，练习者可根据实际情况进行调整。

练习

092 向斜后方带球

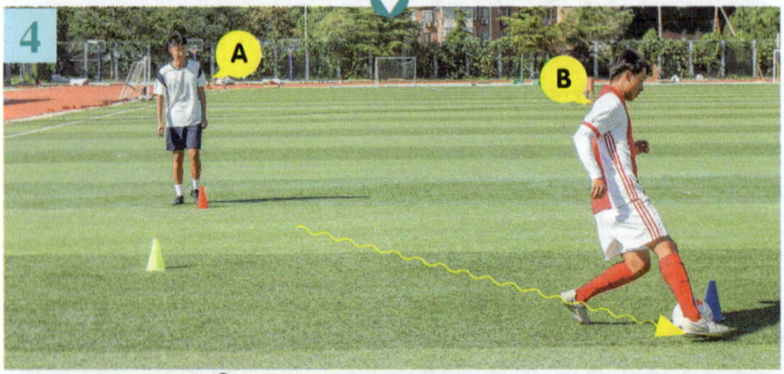

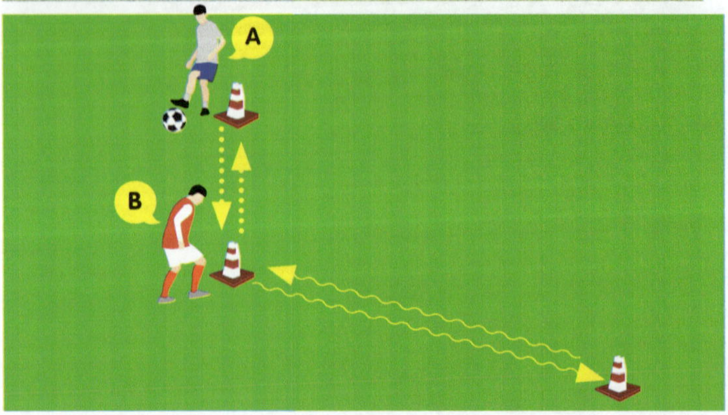

相邻锥桶间隔 4~7 米

足球滚动路线

带球跑动路线

扫码看视频

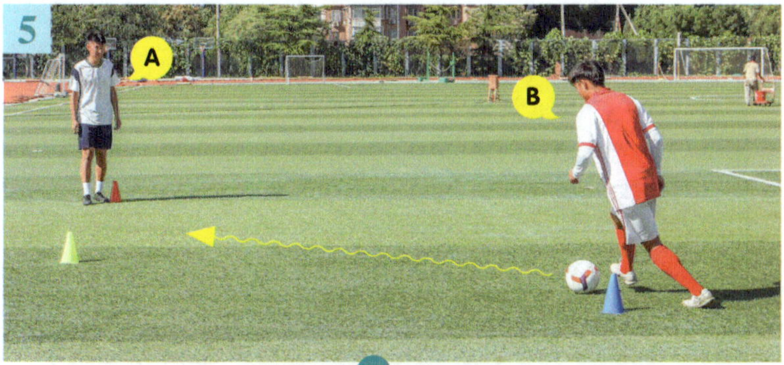

练习步骤

①～② 球员 A 将足球传给球员 B。

③～④ 球员 B 使用脚内侧控球并带球跑动到右后侧锥桶的位置。

⑤～⑦ 球员 B 绕过锥桶带球到起始锥桶，接着将足球回传给球员 A。完成 5 个回合的向右脚传球，再完成 5 个回合的向左脚传球。接着球员交换位置继续练习。

练习

093 绕正方形控球

相邻锥桶间隔 4~7 米

扫码看视频

练习步骤

① 球员 A 将球传给球员 B。

②～⑤ 球员 B 使用脚内侧控球并带球跑动到右侧锥桶的位置。同时，球员 A 也跑向另一侧锥桶的位置。

⑥～⑧ 此时球员 A 再次站在球员 B 的对面，球员 B 将足球回传给球员 A。球员 A 带球回到起始位置。同时球员 B 回到起始位置。

练习

094 单脚向后拉球

扫码看视频

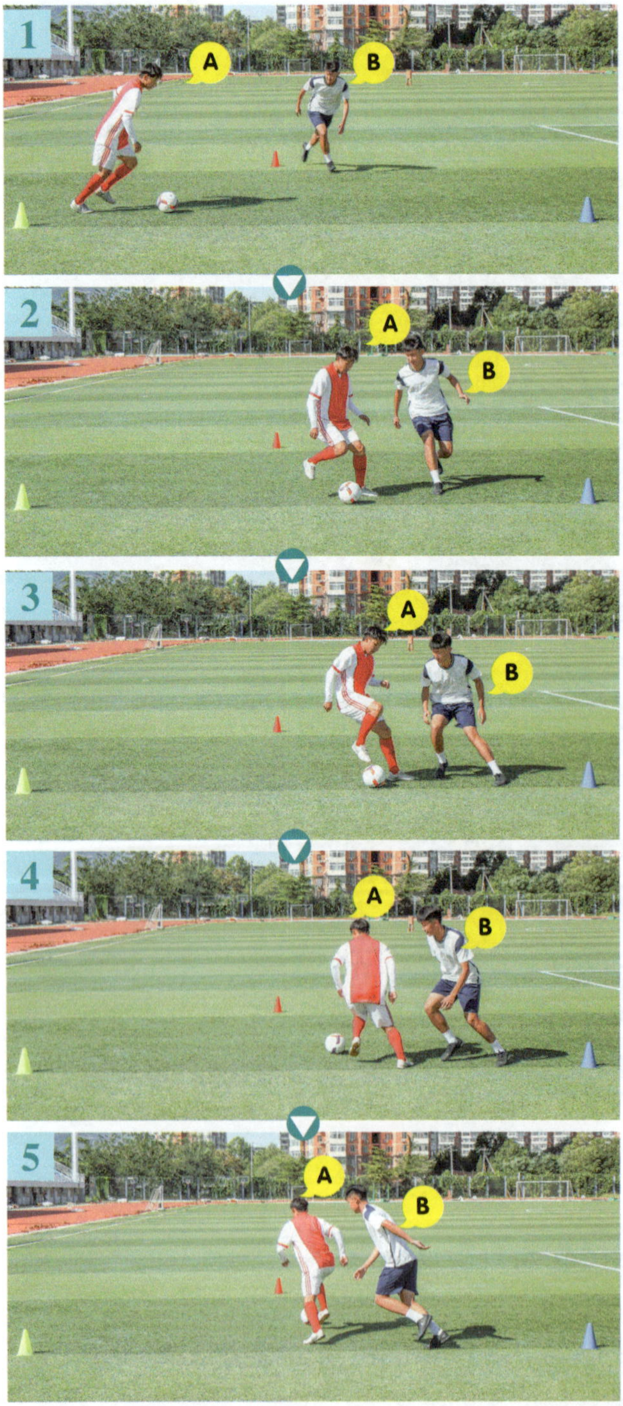

练习步骤

① 球员 A 带球跑向蓝色锥桶，球员 B 上去防守。

②～⑤ 球员 A 在跑动过程中，右脚踩球将足球往后拉，然后迅速转身避开对手，用脚内侧运球跑向红色锥桶，球员 B 跟上防守。

第 6 章
守门员训练

守门员是足球运动中比较特别的球员，是唯一可以用手触球的球员，但只限在己方的禁区内。同时守门员是整个球队的重要组织者，要安排球队组织防守，不给对手射门的机会。虽然守门员没有场上其他球员那么惹人瞩目，但是他可以利用自己独特的视野、自己的技术特点使整个球队的成功率变得更高。

基础知识
守门员位置与站姿

对于守门员来说，选取合适的位置是非常重要的。守门员的位置和站姿最基本的技术。

位置

站在足球和球门中心的连线上

守门员在守门的时候，最基本的要求就是站在足球和球门中心的连线上。因为当守门员站在这条线上时，无论足球从正中间还是左右的任意一个方向来，守门员都可以有效应对。如果不站在这条连线上，近端或者远端就会出现巨大的空当，很容易被对手利用而导致丢分。

比赛过程中，足球不会停留在某个固定的区域，因此守门员在不停运动的同时还要留意足球的位置，随时调整自己的站位。

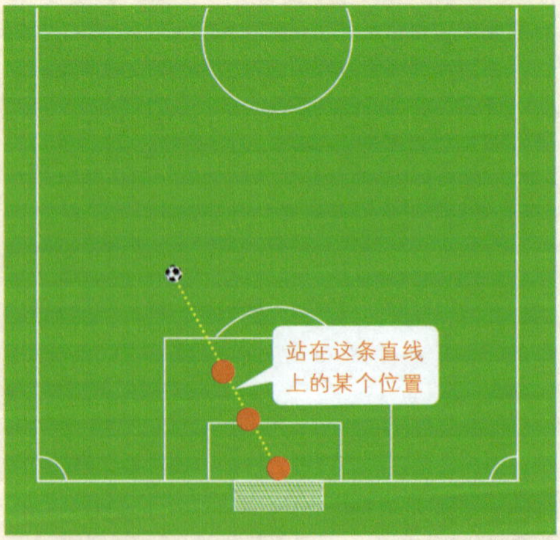

守门员站立的位置并没有唯一的答案。正确的站位是综合考虑对手的惯用脚、队友对对方持球球员的防守等因素后做出的判断。

给对方球员施加压力

对于守门员来说，给对方射门者施加压力会对对方球员的心理造成很大的影响。如果射门路线上留有空当，对方射门者就会很容易调整射门的方式和角度，从而轻松完成射门。而如果射门路线被阻挡，对方射门者就会考虑更加合适的角度，在这种压力下射门，很容易偏离目标。

对于进攻球员来说，能否找到射门路线上的空当，在心理上有很大的区别。给对方射门者施加压力的最简单方法就是一直面对着对方。

调整身体的朝向

守门员面对对方射门者时，正确的方法是正面面对对方。外侧的脚向前一步，与球门形成一定的角度，这样会给对方射门者带来一种球门远端角度很小的感觉。

虽然只有几十厘米的差别，但是对对方射门者是否能进球会产生较大的影响。

外侧的脚向前一步

身体的朝向对于守门员来说非常重要，身体的朝向正确，才能对球路做出更准确的判断。

站姿

找到适合保护球门的姿势

守门员的姿势不是一成不变的，作为守门员，要让对方球员觉得更加难以攻破球门，需要注意以下一些因素。

首先，将手放置在身体两侧，保持随时可以移动的状态；其次，用双脚的平衡来支撑全身的力量，这样更容易行动，且起跳容易发力；最后，双脚的距离不要太远，除此之外，移动中双腿之间不要留出空当，否则容易被对手利用。

手放置在身体两侧
身体的重心固定在双脚中间
双脚之间距离与肩同宽

当对手持球进攻时，如果距离球门很远且反复传球，就没必要摆出姿势，只需要随时做好准备即可。

练习

095 移动（侧滑步）

扫码看视频

技术解说

守门员不仅要掌握好手臂动作，还要灵活、快速地移动脚步，这样才能接、扑到对手射出的各种球。

练习步骤

①～③ 观察来球，膝盖微屈做好准备。根据来球方向，两脚向左侧滑步移动，并伸手接球。

④～⑤ 接到足球后，调整身体保持平衡。

小提示

侧滑步多用于扑射向守门员近侧的球。向左侧滑步时，先右脚蹬地，左脚利用右脚蹬地产生的力向左侧移动，右脚随即跟进。

练习

096 移动（交叉步）

扫码看视频

技术解说

交叉步需要双脚交叉向斜侧方移动，用这种方式可以移动较远。

练习步骤

①～③ 观察来球，身体向左倾斜，同时左脚用力蹬地，右腿向左前方跨出一大步，成交叉步。

④～⑥ 左脚向左侧移动，并蹬地接球。

练习

097 手抛地滚球

扫码看视频

练习步骤

① 以双手持球的站姿做好准备。

②～④ 将重心放在右腿上，左腿向前一步，用力蹬地的同时右手手臂先向后摆再向前挥将足球抛出。抛球后手臂继续向上随挥。

小提示

在向队友抛球时，往往抛出的球是地滚球。但是要注意确保自己和队友之间有没有对方的球员。

练习

098　手抛高空球

扫码看视频

练习步骤

① 双脚前后站立、膝盖微屈，左脚在前，重心在右脚，双手抱球做好准备。

②～③ 重心继续后移，调整脚步，右腿蹬地用力，右手固定好足球，向后摆。

④～⑥ 挥动左臂，手臂从后向前，越过头顶时抛出足球，抛球后右臂继续自然随挥。

小提示

手抛高空球与手抛地滚球相比，手抛高空球的抛球距离会更远。使用转动身体产生的力量，将力量传导到足球上。

练习

099 接球手形

守门员在接球时，有 4 种基本的手形，以下 3 种都适用于接直接射向守门员的足球，除此之外，还有一种适用于距离守门员较远的贴地射门。

■ 铲斗形

肘部不要伸得过直，面向足球打开手掌，摊开手指。双手在足球的后面，适用于直接射向守门员的贴地射门。

■ 杯形

手掌朝上，手指摊开。将足球揽入怀中，使足球停在胸部，适用于直接射向守门员腰部高度的射门。

■ W 形

手指分布在足球的侧面和后面，形成 W 形，用于射向上胸部及以上高度的射门。

技术解说

还有一种手形是一只手在足球的后面，把足球停好，另一只手在上面按住它，用于离守门员较远的贴地射门。

练习

100 接高空球

扫码看视频

练习步骤

①～②　双脚与肩同宽，重心降低，观察来球的位置，举起双手准备接球。

③～⑤　双手的食指和拇指形成一个梯形，防止足球从双手之间掉下。

技术解说

接球时双臂伸直，左右手的拇指和食指形成一个梯形，这是接球时的基本手法。

练习

101 接低平球：空中接球

扫码看视频

练习步骤

① 调整自己的站位，弯腰，将身体的高度降低，准备接球。

②～④ 伸出双臂接球，双手上勾抱住球并用上身压住足球，防止足球脱落。

练习

102　接低平球：接地滚球

扫码看视频

练习步骤

①～② 弯腰，将身体高度降低，准备接球。

③～⑤ 观察来球，在足球滚动的路线上双手指尖着地，一条腿内旋并向下，进一步降低重心，另一条腿保持屈膝且稳定站立，贴地抱住足球。

练习

103 倒地扑救：扑半高球

扫码看视频

小提示

在移动防守来不及的时候，倒地扑救是非常有效的方法。

练习步骤

①～② 观察来球，调整站位，做好扑救的准备。向来球方向调整脚步。

③～⑦ 足球离近之后，右腿蹬地，身体重心向右倾斜，倒地扑球，将足球扑住后牢牢控制住。

第 7 章
综合训练

前面几章介绍了青少年足球的基本技术，本章介绍一些训练游戏，内容涵盖体能训练、基础技术、简单战术等，可以帮助初学者在训练中提升身体素质和足球技能，并充分享受运动的乐趣。

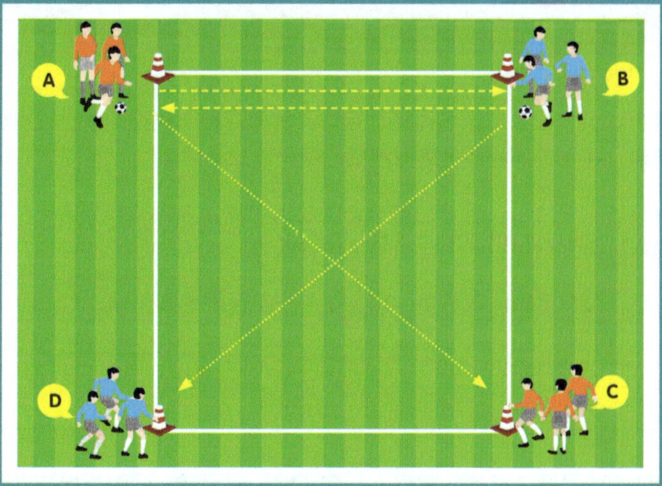

104 偷球防备游戏

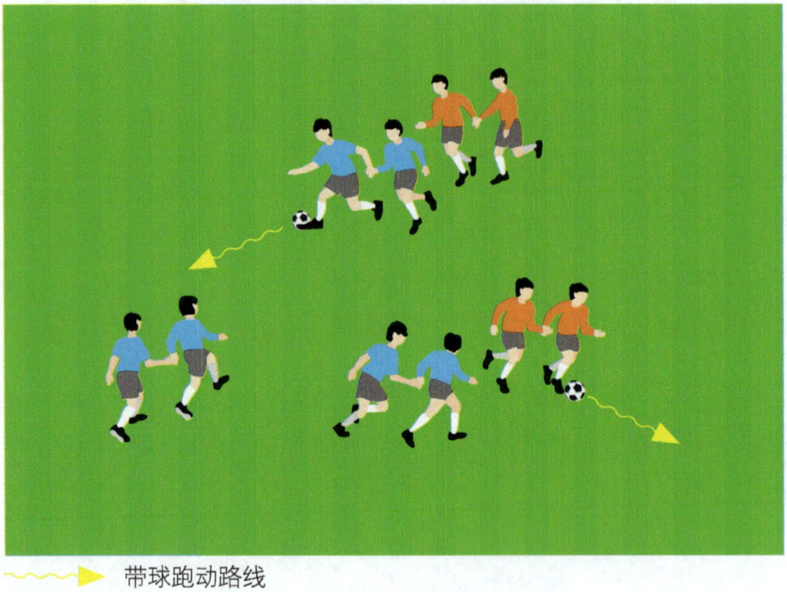

带球跑动路线

人员配比：

人数不限，两人一组。

场地设置：

标记一个较大的球场。可根据球员的数量来决定场地的大小。球员两两结成一队；场上队员两人一球，一两组无球队员。

练习过程

- 搭档的两个球员手拉手在球场内随意运球，每隔几秒交换控球权。没有带球的球员在场地内慢跑，并在运球的球员周围观察，做好偷球的准备。
- 在收到攻击的指令之后，运球的球员必须放下足球，并尝试找到另一个足球。之前没有带球的球员需立刻保护一个自由的足球并运球。
- 回合结束后，没有足球的队伍中的球员在下一回合中继续偷球。

技术解说

训练中鼓励运球的球员要注意抬头观察，要密切地关注足球，同时要提醒同队的球员每隔几秒交换控球权。

练习

105 夺宝大战

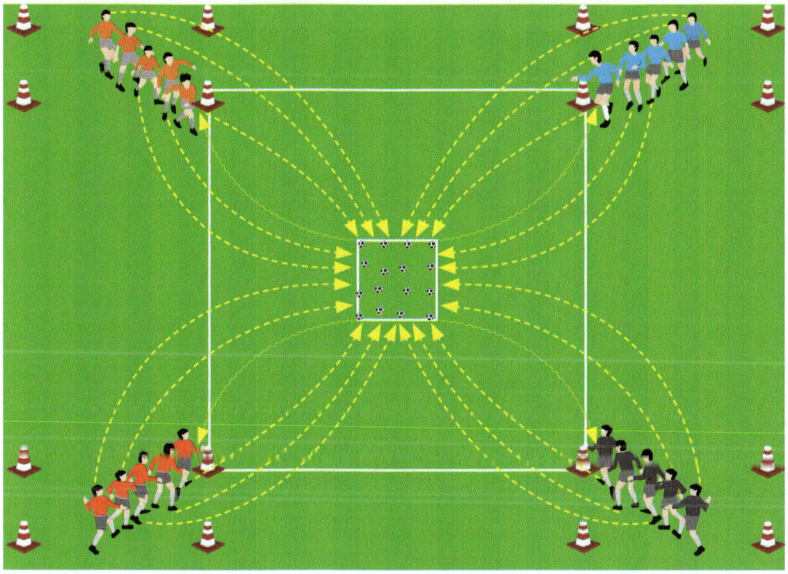

带球跑动路线

球员跑动路线

人员配比：

20~24 人（分成 4 个人数相等的小组）。

场地设置：

标记好一个边长为 50 米左右的正方形场地，在中央设置一个边长为 10 米的正方形区域。组织 4 个人数相等的小组分别站在大正方形的四个角上。在小正方形中放置一些足球，足球的数量比参加比赛的球员人数少 4 个。每支球队的球员身穿不同颜色的衣服加以区分。

练习过程

- 收到开始指令，4 个小组的所有球员向中间冲刺，争取控球权，并尝试运球返回他们原来的角落。
- 由于足球的数量比球员的人数少，因此对手可以追捕没有立刻保护好足球的球员，并拦截他们的足球，阻止他们运球返回原来的起始位置。
- 当所有的足球被运回起始位置时，这个比赛回合结束。重新在中间的正方形中放置足球，重复比赛。至少完成 10 个回合的比赛。

技术解说

训练过程中禁止球员铲球，尤其是从后面铲球。一个回合结束后，将足球运到自己区域最多的小组获胜。必须是被控制且运回并停在角落里的足球才可以计分。

练习

106 顺次传球游戏

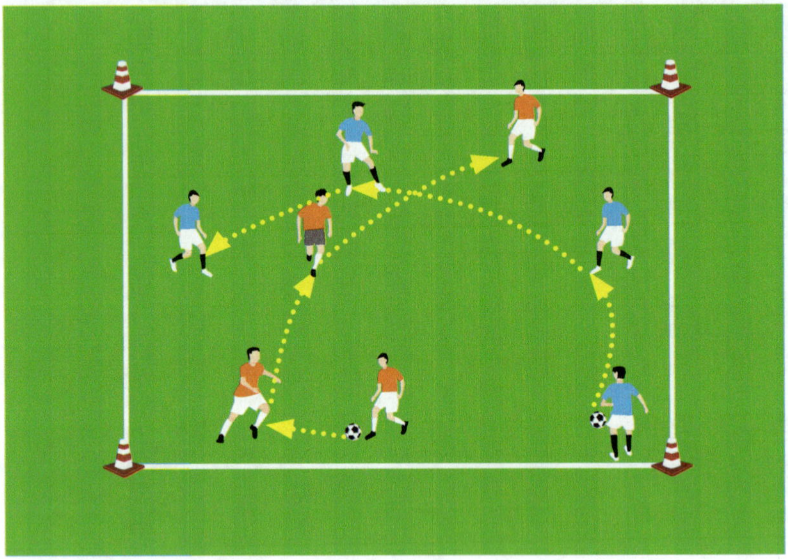

足球滚动路线

人员配比：

6~8 人（分成两个人数相等的小组）。

场地设置：

用 4 个锥桶标记好一个长 45 米、宽 25 米的场地，所有的球员分散在场地中。

练习过程

- 每组一个足球。各组球员内部开始传球。
- 各组按照短球—短球—长球的顺序连续传球，短传 5~10 米，长传 20~30 米。每名球员都要准确地将足球传给自己的队友。如果球员传给另一组的球员，或者足球出界，则会被扣分。
- 可以通过限制球员的触球次数来增加难度。

技术解说

训练过程中教练要强调传球的准确性，要求队员时刻注意抬头观察，并且要求球员以比赛的速度来完成训练。传球过程中，如果犯错，则从发生错误的位置开始重新按顺序传球。

练习

107 对角线传球游戏

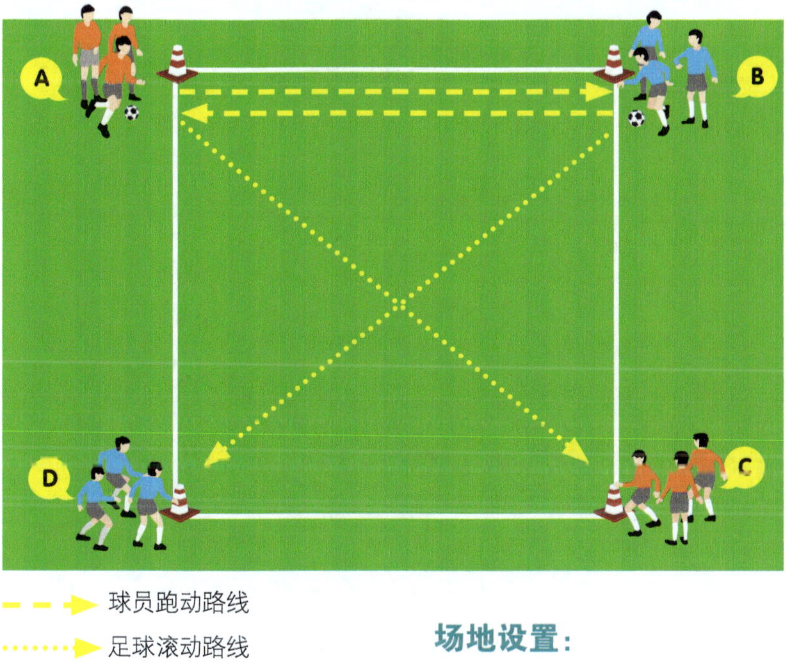

人员配比：

12~16 人（分成 4 个人数相等的小组）。

场地设置：

标记好一个边长为 10 米左右的正方形场地。4 个小组排成一队分别站在 4 个角上。角落 A 和角落 C 斜对，而角落 B 和角落 D 斜对。

练习过程

- 角落 A 和角落 B 的第一名球员沿着正方形的对角线将足球分别传给角落 C 和角落 D 的第一名球员，接着沿着正方形的侧边快速交换位置。
- 角落 A 的传球员跑到角落 B，而角落 B 的传球员则跑到角落 A。同时，角落 C 和角落 D 的第一名球员做好第一次触球和接球的准备，接着在第二次触球时将足球回传到角落 A 和角落 B，然后两名球员交换位置。
- 比赛继续，当所有球员完成沿着正方形的对角线传球，接着从侧边快速跑到相邻的角落时，游戏结束。

技术解说

训练过程中可以改变跑动和传球的模式。比如球员沿着正方形的对角线传球，接着跟着足球跑到对应的角落；或者球员从侧边将足球传给相邻角落的球员，然后沿着正方形的对角线快速跑动。

练习

108 过障碍传球训练

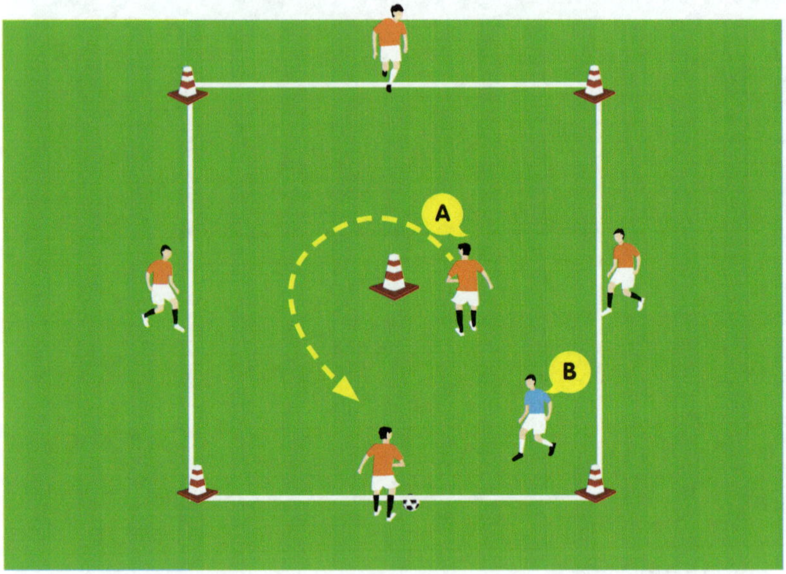

球员跑动路线

人员配比：

6 人一组。

场地设置：

用锥桶围成 14.5 米 ×14.5 米的场地。场地的每条边都有一名球员。在这些球员中有一名球员持球。场地中间放一个大号锥桶，球员 A、B 位于场地中，球员 A 是进攻球员，球员 B 是防守球员。

练习过程

- 开始训练后，球员 A 绕着场地中间的锥桶跑，接着全速跑向持球球员。
- 球员 A 进入开放空间时，持球球员要将足球传给球员 A。
- 如果此时防守球员 B 封闭了空间，那么此时传球者就只能将足球传向场边的另一名球员。
- 球员 A 重复动作，继续绕着锥桶跑向新的持球球员，如果球员 A 接到足球，就将足球回传给传球者，传球者接着将足球传给场地边上的另一名球员。

技术解说

训练过程中传球者将足球传给进攻球员时，动作要尽量温柔些，方便其接球；而防守球员则要尽量封闭空间，增加传球者传球的难度，使其以不同的速度和高度来传球。

练习

109 带球冲刺训练

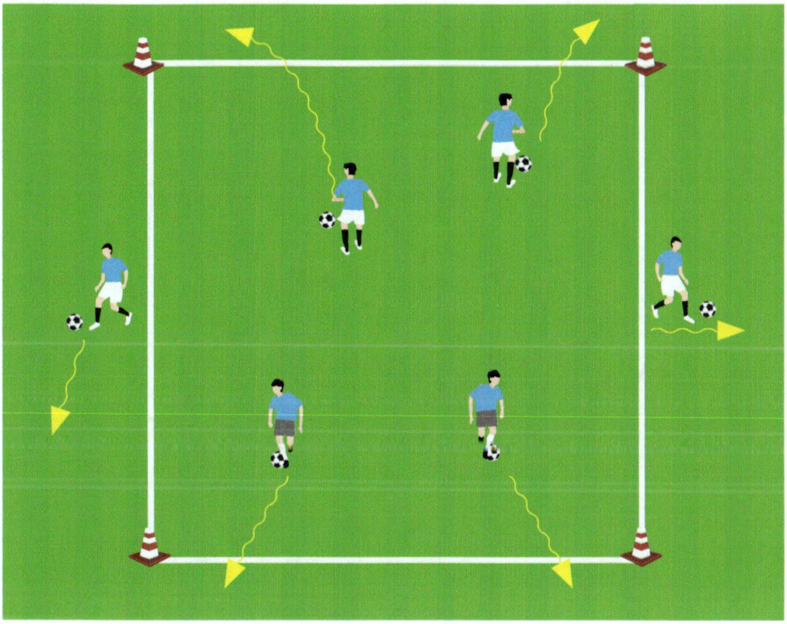

带球跑动路线

人员配比：

6 人以上。

场地设置：

用 4 个锥桶围成 18 米 ×18 米的场地，所有的球员带球分散在场地中。

练习过程

- 球员在场地中带球行进，听到教练发出的信号后以最快的速度将自己的足球带出场地。带出场地后，所有的球员继续用最快的速度带球。
- 在第二次听到教练发出的信号时，所有的球员以最快的速度将足球带回场地，在场地中稳步带球行进。

技术解说

此练习要求球员比较熟练地掌握控球技术。训练时要注意，球员将足球踢到 4~6 米远时要向足球冲刺，因此这项训练也是加速带球训练。等球员熟悉这项训练之后，可以在场地中增加不带球的球员，待信号发出后，没有足球的球员可以追逐带球的球员并试图抢断。

练习

110 角球训练

人员配比：

8 人，平均分 2 组。

场地设置：

用 4 个锥桶围成 35 米 ×17 米的场地，球门设置在长边上。

练习过程

- 负责进攻的球队，每人一次角球机会，如果角球直接进球，得 2 分，在防守球员得到球之前进球则得 1 分。
- 如果防守球员成功地阻止一次角球进攻，则防守方得 1 分，进攻方每名球员都射过角球后，双方互换角色，继续训练。

技术解说

训练中除了进攻球员要努力将角球直接射向球门之外，教练还要鼓励防守球员做好防守，攻方和守方都要得到锻炼。但是教练在讲解攻方技术时，不要同时讲解相应的防守技术，以免影响训练效果。

练习

111 让足球穿过移动的球门

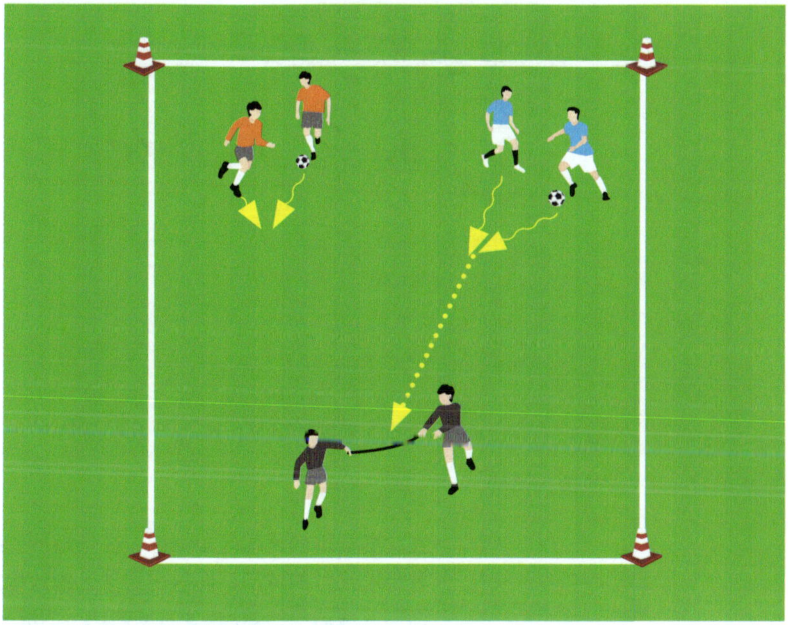

足球滚动路线

带球跑动路线

人员配比：

人数不限，但要两人一组，其中一组做移动球门。

场地设置：

用 4 个锥桶围成 30 米 ×30 米的正方形场地。球员两两配对，每队带一个足球。指定一队作为移动的球门，这队球员不带球在场地内跑动，同时还要各握住一根 3 米长的绳子的一端。

练习过程

- 作为移动球门的球员在场地内不断地随机跑动，但绳子必须一直被拉直。
- 其余的小组各带一个足球跑动，同时将足球运到或者传到一个可以穿过移动球门的位置。
- 足球每穿过移动球门一次，该队得 1 分。先完成 5 分的队伍获胜。重复比赛，同时让不同的小组担任移动球门的角色。

技术解说

此训练对于不具备基本传接球技术的球员来说可能难度比较大。经验较少的球员练习时可以通过握住 5 米长的绳子（增加移动球门的宽度）来降低难度。

112 循环守门训练

人员配比：

7 人一组。

场地设置：

在比赛场地的罚球区里训练，在场地的底线位置设置标准尺寸的球门，同时在罚球区的边缘放置一个面向底线球门的球门。3 名场内球员组成一支球队，2 名发球员站在罚球区的附近，2 名守门员分别站在两个球门的前面，同时在球门里放一些足球。

练习过程

- 1 名守门员将足球抛向附近的 1 名发球员，这名发球员运球朝向对方的球门跑动，同时将足球传进球门区。3 名球员组成的球队尝试阻止传过来的足球。这里没有防守球员，只有守门员。
- 当守门员接住发向球门区的足球或者成功救球时，他可以立刻将足球发给己方的发球员。这名球员可以运球朝相对的球门跑动，同时向球门区发球。
- 3 名球员组成的球队必须快速朝球门跑动，同时尝试用发过来的足球射门。此练习可以从一个球门轮换到另一个球门直到所有的足球用完。
- 没有被守门员抱住的足球就是有效球，由 3 名球员组成的球队仍可以使用这个足球射门来结束比赛。

技术解说

此练习要求守门员有具好的快速反应能力和决策能力，要抓住控制范围内的足球，并锻炼快速扩救的能力。守门员在触球时必须决定哪些球在可触碰范围以及哪些球在防守范围之外，同时决定抓住哪些球以及将哪些球踢出球门。

练习

113 带球射门比赛

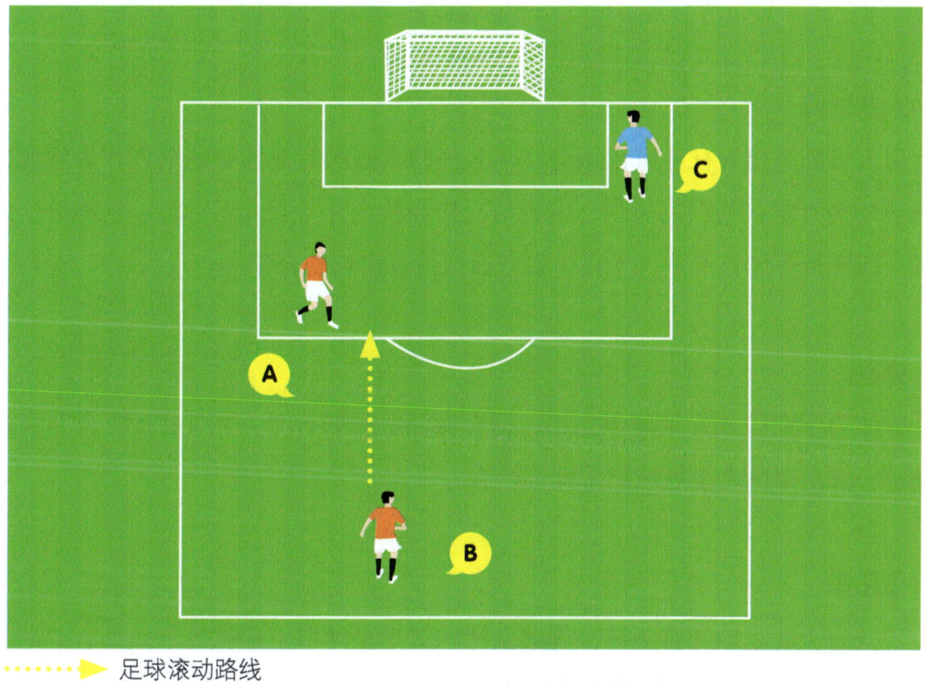

人员配比：

3 人一组。

场地设置：

以球场的前场为场地，3 名球员在场地内，球员 A 为射门球员，球员 B 为发球员，球员 C 为防守球员。

练习过程

- 训练开始后，发球员 B 将足球传给射门球员 A。射门球员 A 跑向足球前进的方向，并注意回头看球，准备接球并射门。防守球员 C 在发球员 B 接触足球的那一刻开始跑向射门球员 A，进行防守。此时防守球员 C 的防守为被动防守。
- 射门球员 A 准备射门，且其必须自己带球移动，尽量创造射门的空间。
- 完成一次射门后，三人轮转继续练习。

技术解说

训练开始时，发球员和防守球员的距离要远一些，使射门球员占有一定的优势。在球员的球技得到提升之后，拉近发球员和防守球员的距离，这样射门球员射门的时间就缩短了。

作者简介

人邮体育

由人民邮电出版社体育出版分社多名经验丰富的专业体育图书创作者组成，团队成员均拥有丰富的图书策划、编辑与写作经验，并与职业运动员、教练员、体育教师、研究员等体育专业人士在组稿方面保持着密切的合作。

张鑫

曾效力于安徽九方足球俱乐部；拥有亚洲足球联合会 / 中国足球协会 B 级教练员认证；北京团队之星足球俱乐部创始人。

王东东

曾效力于北京国安青年队；现北京团队之星足球俱乐部教练员；拥有亚洲足球联合会 / 中国足球协会 B 级教练员认证。